W0083290

kochen & genießen

Neue
Party-Hits

MOEWIG

„Gelingt immer!" steht auf dem Garantie-
siegel des Buchcovers. Dieser Qualitätsanspruch
ist uns wichtig, damit bei Ihnen zu Hause
auch wirklich alles reibungslos klappt. **Dafür
wird jedes Rezept von unserer Redaktion
mehrfach getestet.** Ernährungswissenschaftler
kochen die Rezepte in unserer Versuchsküche
nach. Die Foodstylisten verwenden für die Fotos
nur echte Lebensmittel, damit alles natürlich
ist und auch so aussieht. Nur, wenn die Rezepte
perfekt gelingen, veröffentlichen wir sie.
Dafür steht unser Siegel.

Die Ratschläge in diesem Buch wurden von Autoren und Verlag
sorgfältig erwogen und geprüft, dennoch kann eine Garantie nicht
übernommen werden. Eine Haftung der Autoren bzw. des Verlags
und seiner Beauftragten für Personen-, Sach- oder Vermögens-
schäden ist ausgeschlossen.

Moewig ist ein Imprint der Edel Germany GmbH

© Edel Germany GmbH, Neumühlen 17, 22763 Hamburg
www.moewig.de | www.edel.com
1. Auflage 2015

Redaktion kochen & genießen:
Chefredaktion: Klaus Heitkamp
Konzeption und Text: Stefanie Clausen
Redaktion: Angela Berger, Kathrin Schmuck
Schlussredaktion: Dörte Petersen-Freynhagen
Grafisches Konzept & Layout:
Marion Müller, mal3 – mediendesign
Fotos: Food & Foto, Hamburg
S. 9: Brand X Pictures (1)
S. 9, 26, 76, 93, 95, 99, 144, 152, 181, 187: Food Collection.com (10)
S. 11, 31: deco & style (2)
S. 77: Image State (1)
S. 78: Photo Alto/I. Rozenbaum (1)
S. 96: Photo Alto/I. Rozenbaum/F. Cirou (1)

Druck & Bindung:
optimal media GmbH
Glienholzweg 7, 17207 Röbel / Müritz

Alle Rechte vorbehalten. All rights reserved.
Das Werk darf – auch teilweise – nur mit Genehmigung des Verlages
wiedergegeben werden.

Printed in Germany

ISBN 978-3-86803-572-8

Partyknüller rund ums ganze Jahr

Man soll die Feste bekanntlich feiern, wie sie fallen! Und gute Gründe gibt es für uns alle das ganze Jahr über genug: Geburtstage – besonders natürlich die runden –, Jubiläen oder einfach nur ein Treffen mit lieben Freunden, um mal wieder von den guten alten Zeiten zu schwärmen. Super, wenn man dann originelle, aber doch unkomplizierte Rezept-Ideen parat hat.

In diesem Buch haben wir für Sie deshalb ein ganzes Ideen-Bündel für fast alle Anlässe geschnürt: vom fröhlichen Frühlingsbrunch und einer gemütlichen Küchen-Fete über eine lockere Grill-Party bis hin zur feinen Familienfeier. Oder gehen Sie mit Ihren Freunden bei einer Safari-Fete auf die Pirsch und verwöhnen Sie sie zu Halloween mit schaurig-schönen Grusel-Spezialitäten. Außerdem gibt's jede Menge hitverdächtige Rezepte für köstliche Suppen, raffinierte Salate und verführerische Desserts, die auf jeder Party gut ankommen.

Gut zu wissen: Damit bei Ihnen auch alles prima klappt, wurden sämtliche Rezepte in der Versuchsküche von kochen & genießen auf Herz und Nieren geprüft. Getränke-Tipps, Deko-Ideen und Vorbereitungs-Pläne helfen, dass Ihre Feier zum rundum gelungenen Ereignis wird, an das Sie sich als Gastgeber wie auch Ihre Gäste noch lange gerne erinnern.

Nun kann die Party steigen. Wir wünschen Ihnen dabei viel Spaß!

**Ihre Redaktion
kochen & genießen**

Inhalt

Inhalt

**Leckeres zum
Aufgabeln**

**Nettes Treffen
zum Raclette**

**Herzhaftes
Käsefondue**

**Japanischer
Schlemmergrill**

**Köstliches
mit Käse**

**Silvesterbuffet
für Genießer**

**Coole Cocktails
für die Party**

**Traumhafte
Party-Desserts**

**Rezepte
von A – Z**

Feines zur Begrüßung

Sie möchten Ihren Gästen eine leckere Kleinigkeit anbieten?
Bitte sehr: Diese Häppchen & Cocktails sind total trendy!

…mit Schinken & Feige

Zweierlei „Snapas"

…mit Knusper-Oliven

Eier-Cocktail mit Garnele

Flammküchlein mit Rucola

Alles reicht für 8–10 Personen

Zweierlei „Snapas"

ZUTATEN

MIT SCHINKEN & FEIGE
- 3 frische Feigen
- 1 TL rotes Gelee (z. B. Johannisbeere)
- 1–2 TL Feigensenf
- 10 dünne Scheiben Parmaschinken
- 10 Schnittlauchhalme

MIT KNUSPER-OLIVEN
- 5 dünne Scheiben Gouda
- 10 dünne Scheiben Frühstücksspeck (Bacon)
- 20 mit Mandeln gefüllte Oliven
- 1 EL Öl
- Holzspießchen

AUSSERDEM
- gut gekühlter Aquavit

1 **Mit Schinken & Feige:** Feigen waschen, klein würfeln. Gelee und Senf glatt rühren. Feigenwürfel unterrühren. Je 1 TL Creme auf 1 Schinkenscheibe geben. Zum Säckchen verschließen, mit Schnittlauch zubinden. Kalt stellen.

2 **Mit Knusper-Oliven:** Käsescheiben in je 4 Streifen schneiden. Speck quer halbieren. Mit je 1 Streifen Käse belegen. Oliven einrollen. Im heißen Öl ca. 2 Minuten rundherum braten.

3 Oliven und Schinken auf Löffel legen bzw. aufspießen. Auf Gläsern mit eisgekühltem Aquavit anrichten. Rest extra dazureichen.

ZUBEREITUNGSZEIT ca. 30 Min.
PORTION ca. 160 kcal
7 g E · 13 g F · 3 g KH

Mal was Neues: „Snapas"

Das sind trendige Häppchen, die vorweg oder zwischendurch mit einem Gläschen eisgekühlten „Jubilaeums-Akvavit" serviert werden. Der originelle Name „Snapas" ist eine Wortkombination aus dem skandinavischen „Snaps" (Aquavit) und dem spanischen „Tapas".

Eier-Cocktail mit Garnele

ZUTATEN
- 8–10 geschälte Garnelen (ca. 250 g; frisch oder TK)
- 150 g TK-Erbsen
- 5 Eier
- 1 Dose (210 ml) kleine Champignons
- 150 g Staudensellerie
- 2 Tomaten
- 150 g Vollmilch-Joghurt
- 4 EL Salatcreme
- 1–2 TL Zitronensaft
- Salz • Pfeffer • Zucker
- Worcestersoße
- 1–2 EL Öl
- Petersilie zum Garnieren

1 TK-Garnelen und Erbsen auftauen. Eier hart kochen, abschrecken und schälen. Pilze abtropfen. Sellerie putzen, waschen und fein schneiden. Tomaten waschen, vierteln, entkernen, würfeln.

2 Joghurt und Salatcreme verrühren. Mit Zitronensaft, Salz, Pfeffer, Zucker und Worcestersoße würzen. Eier würfeln. Mit Gemüse und Pilzen unterheben.

3 Von den Garnelen den dunklen Darm entfernen. Garnelen abspülen, trocken tupfen. Im heißen Öl 2–3 Minuten braten, würzen. Abkühlen lassen. Cocktail mit Garnelen und Petersilie anrichten.

ZUBEREITUNGSZEIT ca. 35 Min.
AUFTAUZEIT 2–3 Std.
PORTION ca. 120 kcal
8 g E · 7 g F · 5 g KH

Und vorweg zum Anstoßen

- Beim Sektempfang wird zur Begrüßung gut gekühlter Sekt, Prosecco oder bei ganz besonderen Anlässen Champagner ausgeschenkt. Unser Tipp: Jahrgangssekt vom Winzer. Gibt's oft in Spitzenqualität und gar nicht mal so teuer.

- Oder wie wär's mal mit einem klassischen **Kir royal:** Für 1 Glas **1 EL Cassis-Likör** mit **100–150 ml** gut gekühltem **Champagner** oder **Sekt** auffüllen.

- Noch mehr leckere Drinks und Cocktails finden Sie auf S. 180/181.

Flammküchlein mit Rucola

ZUTATEN
- 2–3 Zweige Rosmarin
- 1 Rolle (260 g) frischer Flammkuchen- oder Pizzateig (Kühlregal)
- ca. 6 EL Olivenöl
- 1–2 TL grobes Meersalz
- 50 g Rucola (Rauke)
- 75 g Ziegenfrischkäse
- 50 g getrocknete Tomaten in Öl (Glas)

1 Rosmarin waschen, abzupfen und Nadeln grob hacken. Teig auf einem Backblech entrollen. Erst mit Öl beträufeln, dann mit Salz und Rosmarin bestreuen. In ca. 5 x 5 cm große Rauten schneiden. Im vorgeheizten Backofen (E-Herd: 200 °C/Umluft: 175 °C/Gas: Stufe 3) 13–18 Minuten goldbraun backen.

2 Rucola putzen, waschen und abtropfen lassen. Käse glatt rühren. Tomaten grob zerkleinern. Flammkuchen herausnehmen. Hälfte Rauten mit Frischkäse, Tomaten und Rucola anrichten.

ZUBEREITUNGSZEIT ca. 30 Min.
PORTION ca. 140 kcal
3 g E · 8 g F · 13 g KH

Einladung zu Antipasti

An Vorspeisen satt essen? Kein Problem! Von diesen Appetitmachern kann man gar nicht genug bekommen

Ciabatta mit Käse & Pesto

Gemischter Antipasti-Teller

Mozzarella auf Basilikum-Tomaten

Alles reicht für
8–10 Personen

12

Gemischter Antipasti-Teller

ZUTATEN

• 1 kg Möhren

• 3 Zucchini (ca. 750 g)

• 400–500 g kleine Champignons

• 4 Knoblauchzehen

• 3 Stiele glatte Petersilie

• 3 Stiele Thymian

• 2 kleine Zweige Rosmarin

• 8 EL Olivenöl

• Salz • Pfeffer • Zucker

• 10 EL Balsamico-Essig

• 150 g italienische Salami
  in hauchdünnen Scheiben

• 200 g Parmaschinken in Scheiben

1 Gemüse und Pilze schälen bzw. putzen, waschen. Möhren in dicke Stifte schneiden. Zucchini längs halbieren und in dicke Scheiben schneiden. Knoblauch schälen und leicht zerdrücken. Kräuter waschen und abzupfen. Petersilie in Streifen schneiden.

2 Pilze und 2 Knoblauchzehen in 4 EL heißem Öl rundherum ca. 5 Minuten kräftig anbraten. Mit Salz und Pfeffer würzen. 4 EL Essig, Petersilie und Thymian zugeben, ca. 2 Minuten köcheln. In eine Schüssel füllen.

3 Möhren in 4 EL heißem Öl portionsweise oder in 2 Pfannen ca. 12 Minuten braten. Nach ca. 5 Minuten Rosmarin, Zucchini und Rest Knoblauch zugeben, mitbraten. 6 EL Essig zugießen, würzen. Ca. 1 Minute köcheln. Zu den Pilzen geben. Alles mind. 1 Stunde auskühlen und marinieren lassen.

4 Gemüse abschmecken. Alles mit Salami und Schinken anrichten. Dazu schmecken Ciabatta und Grissini.

ZUBEREITUNGSZEIT ca. 1 Std.
MARINIERZEIT mind. 1 Std.
PORTION ca. 210 kcal
10 g E · 16 g F · 6 g KH

Typisch italienisch

Lecker für den ersten Hunger: Ciabatta-Stückchen und kalt gepresstes Olivenöl („extra vergine") zum Eintauchen werden mit grobem Salz in flachen Schälchen serviert.
Für zwischendurch: würziger Käse wie Parmesan, Pecorino oder milder Ziegenfrischkäse (Rolle/Taler).

Ciabatta mit Käse & Pesto

ZUTATEN FÜR CA. 20 STÜCK

• 1 Ciabatta (ca. 400 g)

• 300 g geriebener Käse
  (z. B. Pizzakäse oder Mozzarella)

• 75 g Pesto (Glas)

• Backpapier

1 Ciabatta in ca. 20 dünne Scheiben schneiden. Dicht an dicht auf ein mit Backpapier belegtes Backblech legen.

2 Auf jede Brotscheibe Käse als kleines Häufchen streuen. Unter dem vorgeheizten Grill oder bei höchster Hitze im Backofen 5–10 Minuten überbacken, bis Käse und Brot zu bräunen beginnen. Herausnehmen. Pesto darauf verteilen und sofort servieren. Dazu schmecken Oliven und Kapernäpfel.

ZUBEREITUNGSZEIT ca. 20 Min.
STÜCK ca. 140 kcal
6 g E · 6 g F · 11 g KH

Mozzarella auf Basilikum-Tomaten

ZUTATEN

• 80 g Pinienkerne

• 500 g Kirschtomaten

• 3–4 EL Olivenöl

• Salz • Pfeffer

• 1 großes Bund/Töpfchen Basilikum

• 5 Büffel-Mozzarella (à 125 g;
  ersatzw. Kuhmilch-Mozzarella)

1 Pinienkerne in einer großen Pfanne goldbraun rösten, herausnehmen. Tomaten waschen und trocken tupfen. Öl in der Pfanne erhitzen, Tomaten darin bei schwacher Hitze 8–10 Minuten schmoren. Mit Salz und Pfeffer würzen.

2 Basilikum waschen und die Blättchen abzupfen. Hälfte in grobe Streifen schneiden und unter die Tomaten mischen. Abkühlen lassen. Mozzarella mit Pinienkernen und übrigem Basilikum darauf anrichten.

ZUBEREITUNGSZEIT ca. 25 Min.
PORTION ca. 270 kcal
12 g E · 22 g F · 3 g KH

Dazu ein kühler Aperitivo

Molto italiano und einfach bellissimo: ein kühler Apéro zu unseren kleinen Leckereien. Herrlich erfrischend ist dieser Aperitif-Favorit: **Aperol Sprizz**
4 Eiswürfel und **1 Bio-Orangenscheibe** ins Glas geben. **4 EL Aperol (ital. Aperitiflikör)** und **6 EL eiskalten Prosecco** zugießen. Mit **gekühltem Soda-** oder **prickelndem Mineralwasser** auffüllen.
Auch prima: Campari mit Tonic oder Orangensaft. Oder einfach ein spritziger Prosecco.

Bunt & rustikal

Originelle Kerzen: Italienische Konservendosen in verschiedenen Größen (z. B. von Tomatenmark und Oliven) gut auswaschen und mit Kerzenwachs (geschmolzene Reste oder Granulat) und Docht füllen. Auf weiße Teller rote Stoffservietten legen, mit verschieden breiten Satinbändern in den italienischen Farben umwickeln. Darauf je einen Oliven- oder Lorbeerzweig (evtl. beim Gemüsehändler bestellen). Als Halter für Namenskarten: grüne Nudelnester.

Französische Gaumenfreuden

Oh là, là, wie köstlich! Mit diesen kleinen, feinen Sachen können Sie mit wenig Aufwand ganz schön Eindruck machen

Apfel-Leber-Paté

Camembert-Quiches mit Früchten

Entenbrust auf Rotwein-Schalotten

Alles reicht für 8 Personen

Apfel-Leber-Paté

ZUTATEN

- 6–7 Stiele Thymian
- 1 kleine Zwiebel
- ½–1 kleiner Apfel
- 1 EL (10 g) Butter
- Salz • Pfeffer
- 300 g feine Kalbsleberwurst
- 7–8 EL Schlagsahne
- 1–2 EL Calvados oder Cognac
- evtl. 1 Apfelscheibe zum Garnieren

1 Thymian waschen und, bis auf etwas, abzupfen. Zwiebel schälen und fein würfeln. Apfel schälen, entkernen und fein würfeln. Zwiebel in der heißen Butter kurz andünsten. Apfel und Thymian darin unter Rühren ca. 5 Minuten weich dünsten. Würzen, auskühlen lassen.

2 Leberwurst und Sahne cremig rühren. Apfelmischung unterrühren. Mit Calvados abschmecken. Anrichten und garnieren. Dazu passt frisches Baguette.

ZUBEREITUNGSZEIT ca. 20 Min.
AUSKÜHLZEIT ca. 30 Min.
PORTION ca. 180 kcal
6 g E · 16 g F · 2 g KH

Camembert-Quiches mit Früchten

ZUTATEN FÜR 12 STÜCK

- 4 Scheiben (à 75 g) TK-Blätterteig
- Fett und Paniermehl (fürs Muffinblech)
- 250 g Camembert
- 100 g Crème fraîche
- 2 Eier
- Salz • Pfeffer
- je 2 reife Feigen und Aprikosen
- evtl. Majoran zum Garnieren

1 Teig auftauen. Mulden eines Muffinblechs (für 12 Stück) fetten. Böden mit wenig Paniermehl bestreuen. Aus den Teigscheiben je 2 Kreise (à ca. 8 cm Ø) ausstechen. Rest aufeinanderlegen (nicht verkneten!), ausrollen. Weitere 4 Kreise ausstechen. Kreise in die Mulden legen, am Rand etwas hochdrücken. Die Böden öfter einstechen.

2 Käse in Stücke schneiden. Auf dem Teig verteilen. Crème fraîche, Eier, etwas Salz und Pfeffer verrühren, darübergießen. Im vorgeheizten Backofen (E-Herd: 225 °C/Umluft: 200 °C/Gas: Stufe 4) ca. 20 Minuten backen.

3 Früchte waschen und trocken tupfen. Aprikosen entsteinen und in Spalten schneiden. Feigen vierteln. Quiches ca. 5 Minuten ruhen lassen. Dann aus den Förmchen lösen. Mit Früchten und Majoran garnieren. Schmecken warm und kalt. Dazu passt Feigensenf.

ZUBEREITUNGSZEIT ca. 25 Min.
BACKZEIT ca. 20 Min.
STÜCK ca. 210 kcal
7 g E · 15 g F · 10 g KH

Entenbrust auf Rotwein-Schalotten

ZUTATEN

- 500 g Schalotten
- 1 EL Öl • Salz • Pfeffer
- ⅛ l Rotwein
- 1 TL Gemüsebrühe
- 3 EL flüssiger Honig
- 1 gehäufter EL eingelegte grüne Pfefferkörner
- 1–2 EL Rotwein-Essig
- 2 Entenbrustfilets (ca. 750 g)
- 2 Zweige Rosmarin

1 Schalotten mit Wasser bedeckt aufkochen. 1–2 Minuten köcheln. Abschrecken und aus der Haut drücken. Im heißen Öl anbraten. Mit Salz und Pfeffer würzen. Mit Wein und ⅛ l Wasser aufkochen. Brühe, Honig, Pfefferkörner und Essig einrühren. Offen ca. 20 Minuten köcheln.

2 Filets waschen, trocken tupfen. Haut rautenförmig einschneiden. In einer ofenfesten Pfanne auf der Hautseite bei starker Hitze ca. 5 Minuten anbraten. Wenden, weitere ca. 5 Minuten braten. Mit Salz und Pfeffer würzen. Rosmarin waschen und, bis auf etwas, zufügen. Im vorgeheizten Backofen (E-Herd: 175 °C/Umluft: 150 °C/Gas: Stufe 2) 15–20 Minuten weiterbraten.

3 Herausnehmen, ca. 5 Minuten ruhen lassen. Bratfond entfetten, zu den Schalotten gießen. Filets aufschneiden. Warm oder kalt mit den Schalotten anrichten. Mit Rest Rosmarin garnieren.

ZUBEREITUNGSZEIT ca. 1 Std.
PORTION ca. 250 kcal
17 g E · 16 g F · 6 g KH

Pastis und mehr

Der klassische Aperitif in Frankreich ist Pastis, ein Anisschnaps mit 40–45 Vol%, der meist mit Wasser (1:5) gemixt wird. Neben Anis enthält er Fenchelsamen, Süßholzwurzel, verschiedene Kräuter, Zucker und Alkohol.

Feine Begleiter zu den edlen Häppchen sind auch: prickelnder Crémant (Sekt) oder frischer weißer Bordeaux, z. B. Entre-deux-Mers. Santé!

Gut geplant

AM VORTAG

- Apfel-Leber-Paté zubereiten.
- Rotwein-Schalotten kochen.

1½ STUNDEN VORHER

- Camembert-Quiches backen und mit Früchten garnieren.
- Entenbrust braten.
- Evtl. Rotwein-Schalotten erhitzen.
- Baguette aufschneiden.

Willkommen zum Tapas-Abend

Machen Sie sich doch mal einen netten Abend mit den typisch spanischen Snacks. Da ist für jeden was dabei!

Speck-Pflaumen & Lauchzwiebeln

Fleischspießchen mit Mandel-Salsa

Artischocken mit Serrano & Salbei

Gazpacho-Salat mit Gambas

Alles reicht für 8 Personen

Gazpacho-Salat mit Gambas

ZUTATEN

- 16 küchenfertige Garnelen
  (ca. 350 g; ohne Kopf, mit Schale)
- 3–4 EL Weißwein-Essig
- Salz · Pfeffer · Zucker
- 6–7 EL Olivenöl
- 4 große Paprikaschoten
  (z. B. grün, gelb und rot)
- 5 mittelgroße Tomaten
- 2 mittelgroße Zwiebeln
- 1–2 Knoblauchzehen

1 Garnelen schälen, am Rücken einschneiden und den dunklen Darm entfernen. Garnelen abspülen und trocken tupfen.

2 Essig, Salz, Pfeffer und 1 Prise Zucker verrühren. 4 EL Öl kräftig darunterschlagen. Paprika putzen und waschen. Tomaten waschen, vierteln und evtl. entkernen. Zwiebeln und Knoblauch schälen. Alles in feine Würfel schneiden und mit der Marinade mischen.

3 Garnelen in 2–3 EL heißem Öl 3–4 Minuten braten. Mit Salz und Pfeffer würzen. Warm oder kalt auf dem Salat anrichten.

ZUBEREITUNGSZEIT ca. 35 Min.
PORTION ca. 120 kcal
8 g E · 8 g F · 4 g KH

Fleischspießchen mit Mandel-Salsa

ZUTATEN

- 50 g Mandelkerne ohne Haut
- 3–4 Tomaten (300 g)
- 1–1 ½ rote Chilischoten
- 8 Knoblauchzehen
- 5–6 Stiele Petersilie
- 1–2 EL Rotwein-Essig
- ⅛ l + 2 EL Olivenöl
- Salz · Pfeffer · Zucker
- 500 g Schweineschnitzel (Stück)
- 1 TL getrockneter Thymian
- 175 ml Weißwein
- 2 EL Zitronensaft
- 16 Holzspieße

1 Mandeln rösten und auskühlen lassen. Tomaten überbrühen und abschrecken. Häuten, entkernen und fein würfeln. Chili längs einritzen, entkernen und waschen. Knoblauch schälen. Petersilie

waschen und abzupfen. Alles mit Essig fein pürieren. Dabei ⅛ l Öl langsam zugießen. Abschmecken.

2 Fleisch evtl. waschen, trocken tupfen und in ca. 2 cm große Würfel schneiden. Jeweils 3–4 Stück auf einen Holzspieß stecken.

3 Spieße portionsweise in 2 EL heißem Öl anbraten. Mit Salz, Pfeffer und Thymian würzen. Wein, Zitronensaft, 100 ml Wasser und etwas Zucker zufügen, aufkochen. Alles zugedeckt ca. 10 Minuten schmoren. Spießchen mit Schmorfond und Mandel-Salsa anrichten.

ZUBEREITUNGSZEIT ca. 30 Min.
PORTION ca. 310 kcal
16 g E · 23 g F · 3 g KH

Speck-Pflaumen & Lauchzwiebeln

ZUTATEN

- 100 ml Sherry (z. B. fino)
- 30 halbweiche Trockenpflaumen
  (ohne Stein)
- 1–2 Bund Lauchzwiebeln
- 15 dünne Scheiben
  Frühstücksspeck (Bacon)
- 1 EL Öl
- Salz · Pfeffer

1 Sherry erhitzen. Pflaumen hineinlegen und auskühlen lassen. Lauchzwiebeln putzen, waschen und evtl. halbieren.

2 Pflaumen abtropfen lassen. Speck längs halbieren und je eine Pflaume darin einwickeln. Öl erhitzen. Die Speck-Pflaumen darin rundherum knusprig braten, herausnehmen.

3 Lauchzwiebeln im heißen Bratfett rundherum 5–6 Minuten braten, mit Salz und Pfeffer würzen. Alles anrichten. Dazu schmecken Salzmandeln.

ZUBEREITUNGSZEIT ca. 35 Min.
AUSKÜHLZEIT ca. 30 Min.
PORTION ca. 180 kcal
4 g E · 6 g F · 23 g KH

Artischocken mit Serrano & Salbei

ZUTATEN

- 16 Artischockenherzen
  (2–3 Dosen à 425 ml)
- 16 kleine Salbeiblätter
- 16 dünne Scheiben Serrano-Schinken
- 16 Holzspießchen

1 Artischocken abtropfen lassen. Salbei waschen und Blättchen abzupfen.

2 Artischocken je mit 1 Schinkenscheibe umwickeln und 1 Salbeiblättchen mit Spießchen darauf feststecken.

ZUBEREITUNGSZEIT ca. 15 Min.
PORTION ca. 140 kcal
7 g E · 5 g F · 16 g KH

Sangria mit dreierlei Früchten

Für 8–12 Gläser
Je 2 Bio-Orangen und -Zitronen waschen und in dünne Scheiben schneiden. **3–4 Äpfel** waschen, schälen, vierteln, entkernen und in dünne Spalten schneiden. Orangen und Äpfel mit **100 g Zucker**, **100 ml Orangenlikör** und **100 ml Brandy** in einem großen Gefäß mischen. Zugedeckt ca. 30 Minuten ziehen lassen. Die Früchte mit **3 l spanischem Rotwein** auffüllen und gut durchkühlen. Vor dem Servieren die Zitronenscheiben zufügen. Sangria in einem Glaskrug anrichten, evtl. mit **Minze** und einer **Spirale aus Bio-Orangenschale** verzieren.

Orangencreme mit Sahne

Knoblauch-Fladenbrot

Cremiger Käse-Dip

Bohnensalat mit Senfdressing

Feuriger Eiersalat

Überbackene Tortilla-Chips

Curry-Möhren mit Erdnüssen

18

Küchenfete mit Freunden

Der schönste Platz ist immer noch in der Küche. Und dort trifft man sich mit lieben Freunden zum Kochen und Genießen

Mexikanisches Hackgulasch

Ofenschnitzel mit Gorgonzola-Sahne

19

Bohnensalat mit Senfdressing

ZUTATEN

- 1 Zwiebel
- 2 Knoblauchzehen
- 100 g geräucherter durchwachsener Speck
- 3 EL Weißwein-Essig
- ½ TL Gemüsebrühe
- 3 Dosen (à 425 ml) Kidney-Bohnen
- 1 Glas (370 ml) Silberzwiebeln
- je ½ Bund Petersilie und Dill
- 1–2 EL mittelscharfer Senf
- 3–4 EL Öl (z. B. Olivenöl)
- 150 g Vollmilch-Joghurt
- Salz • Pfeffer
- 1 großer Eisbergsalat

1 Zwiebel und Knoblauch schälen, hacken. Speck würfeln, ohne zusätzliches Fett knusprig ausbraten. Zwiebel und Knoblauch kurz mitdünsten. 100 ml Wasser, Essig und Brühe einrühren, aufkochen. Auskühlen lassen.

2 Bohnen abspülen und mit Silberzwiebeln abtropfen lassen. Kräuter waschen, trocken schütteln und fein hacken. Senf, Öl, Joghurt und Kräuter nacheinander unter die Speck-Mischung rühren. Abschmecken. Mit Bohnen und Silberzwiebeln mischen.

3 Salat putzen, waschen und in Streifen schneiden. Ca. 30 Minuten vor dem Servieren unter die Bohnen heben.

ZUBEREITUNGSZEIT ca. 30 Min.
AUSKÜHLZEIT ca. 20 Min.
PORTION ca. 170 kcal
8 g E · 9 g F · 13 g KH

Knoblauch-Fladenbrot

ZUTATEN FÜR CA. 16 STÜCKE

- 2 große Fladenbrote (à 500 g)
- 200 g Knoblauch- oder Kräuterbutter

1 Brote auf der Oberseite ca. alle 2 cm ein-, aber nicht durchschneiden. Einschnitte mit der Butter bestreichen.

2 Im vorgeheizten Backofen (E-Herd: 200 °C/Umluft: 175 °C/Gas: Stufe 3) 8–10 Minuten backen. Brote in Scheiben schneiden.

ZUBEREITUNGSZEIT ca. 15 Min.
STÜCK ca. 210 kcal
4 g E · 9 g F · 26 g KH

Cremiger Käse-Dip

ZUTATEN

- 200 g Fetakäse
- 6 EL Milch
- 400 g leichter Frischkäse
- 2 EL Öl (z. B. Olivenöl)
- Salz • Pfeffer
- 1–2 TL getrockneter Thymian
- 1 TL getrockneter Rosmarin
- evtl. schwarze Oliven und Rosmarin zum Garnieren

Fetakäse grob zerbröckeln. Mit Milch und Frischkäse pürieren. Öl unterrühren. Mit Salz, Pfeffer, Thymian und Rosmarin abschmecken. Dip anrichten, garnieren.

ZUBEREITUNGSZEIT ca. 10 Min.
PORTION ca. 130 kcal
6 g E · 11 g F · 1 g KH

Feuriger Eiersalat

ZUTATEN

- 8 Eier
- 150 g Vollmilch-Joghurt
- 5 EL (100 g) Salat-Mayonnaise
- 5 EL (100 g) Crème fraîche
- 2–3 EL Asia-Soße (Flasche)
- Salz • Chilipulver
- 1 Dose (425 ml) kl. Champignonköpfe
- 1 Bund Schnittlauch

1 Eier hart kochen. Abschrecken, schälen und auskühlen lassen. Joghurt, Mayonnaise, Crème fraîche und Asia-Soße verrühren. Mit Salz und Chilipulver abschmecken.

2 Pilze abtropfen lassen. Schnittlauch waschen und fein schneiden. Eier in Würfel schneiden. Alles unterheben. Nochmals abschmecken.

ZUBEREITUNGSZEIT ca. 30 Min.
AUSKÜHLZEIT ca. 1 Std.
PORTION ca. 170 kcal
6 g E · 14 g F · 3 g KH

Curry-Möhren mit Erdnüssen

ZUTATEN

- 1,5 kg Möhren
- 2 Zwiebeln
- evtl. 2 Knoblauchzehen
- 100 g geröstete Erdnusskerne
- 5–6 EL Olivenöl
- 2 gehäufte TL Curry
- 1–2 TL Gemüsebrühe
- 2 Limetten oder Zitronen (davon 1 Bio)
- Pfeffer • Salz
- ½ Bund Petersilie

1 Möhren schälen, waschen und in grobe Stücke schneiden. Zwiebeln und Knoblauch schälen. Zwiebeln in feine Würfel, Knoblauch in feine Scheiben schneiden. Nüsse grob hacken.

2 Zwiebeln, Knoblauch und Nüsse in 2–3 EL heißem Öl anbraten. Curry kurz mit anschwitzen. Mit ⅜–½ l Wasser ablöschen, Brühe zugeben und aufkochen. Möhren darin zugedeckt 10–15 Minuten garen. Abtropfen lassen.

3 Limetten heiß waschen und 1½ Limetten (ca. 4 EL) auspressen. 3 EL Öl darunterschlagen, mit Pfeffer und evtl. Salz abschmecken. Über die Curry-Möhren verteilen. Auskühlen lassen.

4 Die übrige Limettenhälfte in Stücke schneiden. Petersilie waschen, abzupfen und hacken. Curry-Möhren anrichten. Mit Petersilie bestreuen und mit Limette garnieren.

ZUBEREITUNGSZEIT ca. 1 Std.
AUSKÜHLZEIT mind. 1 Std.
PORTION ca. 120 kcal
3 g E · 9 g F · 7 g KH

Alles reicht für
10–12 Personen

Überbackene Tortilla-Chips

ZUTATEN

• 250 g Cabanossi
• 175 g Tortilla-Chips
• 200 g eingelegte Peperoni
• Fett für die Form
• 400 g Schmand oder Crème fraîche
• Salz • Pfeffer
• 150 g geriebener Gouda

1 Wurst in Scheiben schneiden. Mit Chips und Peperoni in eine gefettete Auflaufform geben. Schmand würzen, als Kleckse darauf verteilen. Mit Käse bestreuen.

2 Tortilla-Chips im vorgeheizten Ofen (E-Herd: 200 °C/Umluft: 175 °C/Gas: Stufe 3) ca. 10 Minuten überbacken.

ZUBEREITUNGSZEIT ca. 20 Min.
PORTION ca. 300 kcal
11 g E · 23 g F · 11 g KH

Gut geplant

AM VORTAG

• Orangencreme zubereiten.
• Hackgulasch (bis auf Porree) kochen.
• Möhren (ohne Garnitur) zubereiten.
• Bohnensalat (bis auf Eisbergsalat) machen. Eier kochen, Dressing rühren.

AM PARTYMORGEN

• Ofenschnitzel vorbereiten.
• Gulasch kochen.

1½ STUNDEN VORHER

• Schnitzel backen.
• Salate fertigstellen.
• Chips überbacken.
• Knoblauch-Brote backen.

Mexikanisches Hackgulasch

ZUTATEN

• 500 g Kartoffeln
• 4 Zwiebeln
• 2 Knoblauchzehen
• 2 EL Öl
• 500 g Mett
• 1 kg gemischtes Hack
• Salz • Pfeffer
• 3 EL Tomatenmark
• 1 Dose (850 ml) Tomaten
• 1 kg Porree (Lauch)
• 1 Flasche (250 ml) Chilisoße
• etwas Chilipulver

1 Kartoffeln schälen, waschen und würfeln. Zwiebeln und Knoblauch schälen, hacken.

2 Öl erhitzen. Mett und Hack darin krümelig anbraten. Kartoffeln, Zwiebeln und Knoblauch kurz mitbraten. Würzen. Tomatenmark zufügen und kurz anschwitzen. Tomaten und ¾ l Wasser angießen, aufkochen. Tomaten etwas zerdrücken. Ca. 20 Minuten köcheln.

3 Porree putzen und waschen. In Ringe schneiden. Porree und Chilisoße zum Hack geben, weitere ca. 10 Minuten köcheln. Mit Salz und Chili abschmecken. Dazu passen Schmand und geriebener Gouda.

ZUBEREITUNGSZEIT ca. 1 Std.
PORTION ca. 470 kcal
27 g E · 30 g F · 19 g KH

Ofenschnitzel mit Gorgonzola-Sahne

ZUTATEN

• 8 dünne Schweineschnitzel (à ca. 150 g)
• 8 dünne Scheiben (ca. 200 g) gekochter Schinken
• 1 Bund Petersilie
• etwas + 2 EL (30 g) Butter/Margarine
• 2 Zwiebeln
• 2 gehäufte EL (30 g) Mehl
• 400 g Schlagsahne
• 1–2 TL Gemüsebrühe
• 250 g Gorgonzola
• Salz • Pfeffer
• Holzspießchen

1 Schnitzel trocken tupfen. Schnitzel und Schinken quer halbieren. Peter-silie waschen und, bis auf etwas zum Garnieren, abzupfen.

2 Jedes Schnitzel mit Schinken und Petersilie belegen. Dann überklappen und mit Holzspießchen feststecken. In eine große gefettete Auflaufform oder in die Fettpfanne verteilen.

3 Zwiebeln schälen und fein würfeln. In 2 EL heißem Fett andünsten. Mit Mehl bestäuben und kurz anschwitzen. ½ l Wasser, Sahne und Brühe einrühren, aufkochen. Ca. 5 Minuten köcheln. Käse in Flöckchen unter Rühren in der Soße schmelzen. Abschmecken.

4 Die Soße über die Schnitzel gießen. Im vorgeheizten Backofen (E-Herd: 200 °C/Umluft: 175 °C/Gas: Stufe 2) ca. 1 Stunde backen. Mit restlicher Petersilie garnieren.

ZUBEREITUNGSZEIT ca. 1 ½ Std.
PORTION ca. 340 kcal
32 g E · 21 g F · 4 g KH

Orangencreme mit Sahne

ZUTATEN

• 8–10 Orangen
• 3 Päckchen Puddingpulver „Vanille" (zum Kochen; für je ½ l Milch)
• 100 g + 50 g Zucker
• 1,5 l Orangensaft
• 150 g Crème fraîche
• 2 Päckchen Vanillin-Zucker
• 200 g Schlagsahne

1 Orangen auspressen und ½ l Saft abmessen. Puddingpulver, 100 g Zucker und 300 ml Orangensaft glatt verrühren.

2 Übrigen gesamten Orangensaft aufkochen. Puddingpulver einrühren und aufkochen. Ca. 1 Minute köcheln. Etwas abkühlen lassen. In 10–12 große Gläser oder eine Schüssel füllen. Mind. 3 Stunden kalt stellen.

3 Crème fraîche, 50 g Zucker und Vanillin-Zucker glatt rühren. Sahne steif schlagen, unterheben. Kurz vorm Servieren auf die Creme geben.

ZUBEREITUNGSZEIT ca. 25 Min.
KÜHLZEIT mind. 3 Std.
PORTION ca. 250 kcal
2 g E · 9 g F · 39 g KH

Schön ergiebig

Kaufen Sie zum Auspressen am besten Saftorangen. Sie sind preiswert und liefern den meisten Saft.

Zwiebel-Hähnchen „Winzerin"

ZUTATEN FÜR 8 PERSONEN

- 8 Hähnchenfilets (ca. 1,2 kg)
- 800 g Zwiebeln
- 4 dünne Scheiben Frühstücksspeck (Bacon)
- 3–4 EL Öl
- Salz • Pfeffer
- ½ Bund Petersilie
- 1 TL getrockneter Thymian
- 1 EL Mehl
- ⅛ l Weißwein
- 350–400 g Schlagsahne
- ½ TL Gemüsebrühe
- 125 g Hartkäse (Stück; z. B. Comté)
- ½ Bund Schnittlauch

1 Hähnchenfilets waschen und trocken tupfen. Zwiebeln schälen und in Ringe schneiden oder hobeln.

2 Speck halbieren. In 1 EL heißem Öl knusprig braten, herausnehmen. Filets von jeder Seite kurz anbraten. Mit Salz und Pfeffer würzen, herausnehmen.

3 2–3 EL Öl im Bratfett erhitzen. Zwiebelringe darin anbraten. Petersilie waschen und hacken. Mit Thymian unterrühren. Mit Salz und Pfeffer würzen. ⅔ Zwiebeln in eine ofenfeste Pfanne füllen. Filets darauflegen.

4 Rest Zwiebeln in der Pfanne mit Mehl bestäuben, kurz anschwitzen. Wein, 4–5 EL Wasser, Sahne und Brühe einrühren. Ca. 3 Minuten köcheln. Abschmecken und über das Fleisch gießen. Käse reiben und darüberstreuen.

5 Im vorgeheizten Backofen (E-Herd: 200 °C/Umluft: 175 °C/Gas: Stufe 3) ca. 30 Minuten backen. Schnittlauch waschen, in Röllchen schneiden und darüberstreuen. Dazu schmeckt Baguette.
Getränk: leichter Rotwein.

ZUBEREITUNGSZEIT ca. 1 ¼ Std.
PORTION ca. 450 kcal
42 g E · 26 g F · 7 g KH

Echte Knüller aus dem Ofen

Damit liegen Sie immer goldrichtig: zartes Fleisch, leckere Soße und noch etwas Käse – und dann ab damit in den Ofen

Kesselkuchen „Deppelappes"

ZUTATEN FÜR 6–8 PERSONEN

- 2 Brötchen (vom Vortag)
- 2 Bund Petersilie
- 4 große Zwiebeln
- 2 kg mehlig kochende Kartoffeln
- 6 Eier (Gr. M)
- Salz • Pfeffer • Muskat
- 4 Mettenden (à ca. 100 g)
- 200 g geräucherter durchwachsener Speck
- 3 EL Öl
- evtl. Crème fraîche zum Garnieren

1 Brötchen in kaltem Wasser einweichen. Petersilie waschen, abzupfen und, bis auf etwas zum Garnieren, hacken. Zwiebeln schälen und reiben. Kartoffeln schälen, waschen und fein raspeln. Abtropfen lassen, die Flüssigkeit dabei auffangen. Flüssigkeit ruhen lassen, damit sich die Kartoffelstärke absetzt, dann das Wasser vorsichtig abgießen.

2 Brötchen ausdrücken. Mit Zwiebeln, Kartoffeln, der Stärke, Eiern und Petersilie verkneten. Mit Salz, Pfeffer und Muskat würzen. Mettwurst in Scheiben schneiden und daruntermischen.

3 Speck würfeln. Öl in einem großen Bräter erhitzen. Speck darin knusprig auslassen. Kartoffelmasse zufügen und alles gut mischen. Glatt streichen.

4 Im vorgeheizten Backofen (E-Herd: 200 °C/Umluft: 175 °C/Gas: Stufe 3) ca. 1¾ Stunden backen. Mit Rest Petersilie und Crème fraîche garnieren. Dazu schmeckt Apfelkompott.
Getränk: kühler Weißwein.

ZUBEREITUNGSZEIT ca. 2¾ Std.
PORTION ca. 620 kcal
23 g E · 39 g F · 39 g KH

Wirsing-Auflauf mit Kasseler

ZUTATEN FÜR 4 PERSONEN

- 750 g festkochende Kartoffeln
- 1 kleiner Wirsing (ca. 1 kg)
- 500 g ausgelöstes Kasseler-Kotelett
- 2 EL + etwas Butterschmalz oder Öl
- 1 TL Gemüsebrühe
- 100 g Schmand oder Crème fraîche
- 1 EL Speisestärke
- 2 EL mittelscharfer Senf
- Salz • Pfeffer
- 75 g Emmentaler (Stück)

1 Kartoffeln waschen und zugedeckt ca. 20 Minuten kochen. Abschrecken, schälen und abkühlen lassen.

2 Kohl putzen, waschen, vierteln und den Strunk entfernen. Kohl in mundgerechte Stücke schneiden.

3 Fleisch trocken tupfen und grob würfeln. In 2 EL heißem Butterschmalz anbraten. Kohl mit andünsten. ¼ l Wasser und Brühe zufügen. Aufkochen und zugedeckt ca. 15 Minuten schmoren. Schmand und Stärke glatt rühren, unterrühren und nochmals aufkochen. Mit Senf, Salz und Pfeffer abschmecken.

4 Kartoffeln in Scheiben schneiden. Im Wechsel mit dem Kohl in eine gefettete große Auflaufform schichten. Käse raspeln und darüberstreuen. Im vorgeheizten Backofen (E-Herd: 175 °C/Umluft: 150 °C/Gas: Stufe 2) 30–40 Minuten goldbraun überbacken.
Getränk: kühles Bier.

ZUBEREITUNGSZEIT ca. 1 ½ Std.
PORTION ca. 580 kcal
45 g E · 29 g F · 31 g KH

Kasseler …

ist Schweinefleisch meist aus dem Kotelett, dem Rippenstück oder dem preiswerteren Nacken (Kamm). Es wird gepökelt und leicht geräuchert. Dadurch hat es eine kürzere Garzeit als normales Schweinefleisch.

Übrigens hat Kasseler nichts mit der Stadt in Hessen zu tun. Sondern es ist nach dem Fleischermeister Cassel aus Berlin benannt, der es Ende des 19. Jahrhunderts erfunden hat.

Nackenstücke mit Backkartoffeln

ZUTATEN FÜR 8–10 PERSONEN

- 2 kg ausgelöster Schweinenacken
- Salz • Pfeffer • getrockneter Majoran
- 1–2 EL mittelscharfer Senf
- 10 mittelgroße Kartoffeln
- 1 Zwiebel (125 g)
- 750 g säuerliche Äpfel
- 50 g Rosinen/Sultaninen
- 125 g Zucker
- ⅛ l Essig
- 1 TL Senfkörner
- 2 TL Curry
- ½ Bund Petersilie
- 200 g Schmand oder Crème fraîche

1 Fleisch in 8–10 grobe Portionsstücke schneiden. Auf die Fettpfanne setzen. Mit Salz, Pfeffer und Majoran würzen. Hälfte mit Senf bestreichen.

2 Kartoffeln gut waschen und zwischen die Fleischstücke setzen. Im vorgeheizten Backofen (E-Herd: 200 °C/Umluft: 175 °C/Gas: Stufe 3) ca. 1 ½ Stunden braten. Alles zwischendurch wenden und mit dem Bratenfond bestreichen.

3 Zwiebel und Äpfel schälen, beides klein schneiden. Rosinen waschen. Alles mit Zucker, Essig, Senfkörnern, Curry und ½ TL Salz zugedeckt 20–25 Minuten köcheln. Dabei öfter umrühren. Auskühlen lassen.

4 Petersilie waschen, abzupfen, in Streifen schneiden. Fleisch und Kartoffeln anrichten. Je einen Klecks Schmand auf die Kartoffeln geben. Mit Petersilie bestreuen. Das Chutney dazureichen.
Getränk: kühles Bier.

ZUBEREITUNGSZEIT ca. 1 ¾ Std.
PORTION ca. 660 kcal
41 g E · 32 g F · 48 g KH

Das Apfel-Chutney …

schmeckt auch wunderbar zu kaltem Braten, Käse oder als Fonduesoße. Exotischer wird's, wenn Sie statt Rosinen Cranberrys und frischen Ingwer statt Senf nehmen.

Schnitzel-Auflauf „Florentiner Art"

ZUTATEN FÜR 4–6 PERSONEN

- 2 mittelgroße Zwiebeln
- 4–5 Stiele frischer oder
  ½ TL getrockneter Thymian
- 4 EL + etwas Olivenöl
- 2 EL Tomatenmark
- 500 g stückige Tomaten
- Salz • Pfeffer • Muskat
- 600–750 g Blattspinat
- 500 g Champignons
- 6 dünne Schweineschnitzel (à ca. 125 g)
- 3 EL Mehl
- 125 g Mozzarella
- 75–100 g Parmesan (Stück)
- Alufolie

1 Zwiebeln schälen und fein würfeln. Thymian waschen, abzupfen. ⅓ Zwiebeln in 1 EL heißem Öl andünsten. Tomatenmark mit anschwitzen. Tomaten zugeben. Mit Salz, Pfeffer und Thymian würzen. Aufkochen und bei schwacher Hitze ca. 5 Minuten köcheln. Nochmals abschmecken.

2 Spinat putzen, waschen und abtropfen lassen. ⅓ Zwiebeln in 1 EL heißem Öl im Topf andünsten. Spinat zufügen und zugedeckt zusammenfallen lassen. Mit Salz, Pfeffer und Muskat würzen. Spinat gut abtropfen lassen.

3 Pilze putzen, waschen und in Scheiben schneiden. In 2 EL heißem Öl portionsweise braten. Übrige Zwiebeln mit andünsten. Mit Salz und Pfeffer würzen.

4 Schnitzel trocken tupfen, mit Salz und Pfeffer würzen. Im Mehl wenden und etwas abklopfen. ⅓ Tomatensoße in eine geölte große Auflaufform streichen. 3 Schnitzel darauflegen. ⅔ Spinat, die Hälfte Pilze und etwas Tomatensoße darauf verteilen. Mit den übrigen Schnitzeln bedecken. Rest Spinat, Pilze und übrige Tomatensoße darauf verteilen.

5 Auflauf mit Alufolie gut abdecken und im vorgeheizten Backofen (E-Herd: 175 °C/Umluft: 150 °C/Gas: Stufe 2) 2–2 ½ Stunden backen.

6 Mozzarella in Scheiben schneiden. Parmesan reiben. Den Auflauf ca. 30 Minuten vor Ende der Backzeit mit Mozzarella belegen, mit Parmesan bestreuen. Offen goldbraun überbacken. **Getränk:** kühler Weißwein.

ZUBEREITUNGSZEIT 3–3 ½ Std.
PORTION ca. 410 kcal
45 g E · 19 g F · 11 g KH

Chili-Auflauf mit Tortilla-Kruste

ZUTATEN FÜR 6 PERSONEN

- 1 Brötchen (vom Vortag)
- 3 Zwiebeln
- 500 g gemischtes Hack
- 1 Ei
- Salz • Pfeffer • Edelsüß-Paprika
- 3 Paprikaschoten (grün, gelb, rot)
- 2 Knoblauchzehen
- 1 rote Chilischote
- je 1 Dose (425 ml) Kidney-Bohnen und weiße Bohnenkerne
- 2 EL + etwas Öl
- Zucker
- 1–2 EL Tomatenmark
- 1 Dose (850 ml) Tomaten
- 75 g Tortilla-Chips
- 75 g Gouda (Stück)

1 Brötchen in kaltem Wasser einweichen. Zwiebeln schälen und würfeln. Hack, Ei, ausgedrücktes Brötchen, ⅓ Zwiebeln, Salz, Pfeffer und Edelsüß-Paprika verkneten. Daraus Bällchen formen.

2 Paprika putzen, waschen und würfeln. Knoblauch schälen und hacken. Chili längs einritzen, entkernen, waschen und hacken. Bohnen abspülen, abtropfen.

3 2 EL Öl erhitzen. Hackbällchen darin rundherum ca. 6 Minuten braten. Herausnehmen. Rest Zwiebeln, Knoblauch, Paprika und Chili im Bratfett an-dünsten. Mit Salz, Pfeffer und 1 Prise Zucker würzen. Tomatenmark mit anschwitzen. Tomaten samt Saft zufügen, etwas zerkleinern. Bohnen zufügen und ca. 5 Minuten köcheln. Abschmecken. Hackbällchen unterheben.

4 Alles in eine große geölte Auflaufform füllen. Chips darauf verteilen. Käse darüberraspeln. Im vorgeheizten Backofen (E-Herd: 200 °C/Umluft: 175 °C/Gas: Stufe 3) 20–25 Minuten backen.
Getränk: trockener Rotwein.

ZUBEREITUNGSZEIT ca. 1 ¼ Std.
PORTION ca. 540 kcal
32 g E · 28 g F · 35 g KH

Schweizer Käse-Mett-Kartoffeln

ZUTATEN FÜR 6–8 PERSONEN

- 1,5 kg Kartoffeln
- 2 große Zwiebeln
- 750 g Mett
- 1 TL getrockneter Majoran
- Pfeffer • Salz • Muskat
- 1 EL + 1 TL Butter/Margarine
- 2 gehäufte EL Mehl
- 400 ml Milch
- je 150 g Emmentaler und
  Appenzeller (Stück)
- 2–3 Eier
- 300 g saure Sahne oder Schmand

1 Kartoffeln waschen. Ca. 20 Minuten kochen. Dann abschrecken und schälen. Auskühlen lassen.

2 Zwiebeln schälen, würfeln. Mett in einer Pfanne ohne Fett krümelig braten. Hälfte Zwiebeln kurz mitbraten. Mit Majoran, Pfeffer und evtl. Salz würzen.

3 Rest Zwiebeln in 1 EL heißem Fett andünsten. Mehl darüberstäuben, kurz anschwitzen. Milch einrühren, aufkochen. Ca. 5 Minuten köcheln. Käse reiben, einrühren. Den Topf vom Herd ziehen. Eier und Sahne verquirlen, unterrühren. Mit Salz, Pfeffer und Muskat abschmecken.

4 Kartoffeln in Scheiben schneiden. ¾ davon in eine gefettete hohe Auflaufform oder einen Bräter geben. Mett darauf verteilen. Mit übrigen Kartoffeln und Soße bedecken.

5 Im vorgeheizten Backofen (E-Herd: 200 °C/Umluft: 175 °C/Gas: Stufe 3) ca. 30 Minuten goldbraun backen. **Getränk:** kühler Weißwein.

ZUBEREITUNGSZEIT ca. 1 ¼ Std.
AUSKÜHLZEIT ca. 1 Std.
PORTION ca. 730 kcal
37 g E · 48 g F · 32 g KH

Puten-Krüstchen mit Butterwirsing

ZUTATEN FÜR 6 PERSONEN

- 8 Zwiebeln (ca. 600 g)
- 1 Wirsing (ca. 1,5 kg)
- 900 g Putenbrust (Stück)
- 6 dünne Scheiben Frühstücksspeck (Bacon)
- 3–4 EL Öl
- Salz • Pfeffer • Muskat
- etwas + 3 EL Butter
- 1 TL getrockneter Thymian
- 2 leicht gehäufte EL (30 g) Mehl
- 300 g Schlagsahne
- 1–2 TL Hühnerbrühe
- 100–150 g geriebener Gouda

1 Zwiebeln schälen und, bis auf eine, in Ringe schneiden. Wirsing putzen, waschen, vierteln und den Strunk herausschneiden. Kohl in Streifen schneiden.

2 Putenbrust waschen, trocken tupfen und in 12 Stücke bzw. Steaks schneiden. Speck halbieren und in einer großen Pfanne in 2 EL heißem Öl knusprig braten. Herausnehmen. Fleisch im heißen Bratfett von jeder Seite kurz anbraten. Mit Salz und Pfeffer würzen und in eine große, gefettete, ofenfeste Form legen.

3 1–2 EL Öl im heißen Bratfett erhitzen. Zwiebelringe darin goldbraun braten. Mit Salz, Pfeffer und Thymian würzen. Dann ⅓ der Zwiebeln aus der Pfanne nehmen und beiseite stellen.

4 Rest Zwiebeln mit Mehl bestäuben und anschwitzen. Knapp ½ l Wasser, Sahne und Brühe einrühren und aufkochen. Soße ca. 5 Minuten köcheln. Mit Salz und Pfeffer abschmecken.

5 Soße über dem Fleisch verteilen. Mit Rest Zwiebelringen, Speck und Käse bestreuen. Alles im vorgeheizten Backofen (E-Herd: 200 °C/Umluft: 175 °C/Gas: Stufe 3) ca. 30 Minuten backen.

6 Übrige Zwiebel fein würfeln und in 3 EL heißer Butter glasig andünsten. Kohl kurz mitdünsten. Mit Salz und Pfeffer würzen. Ca. 300 ml Wasser angießen und alles zugedeckt 15–20 Minuten garen. Mit Salz, Pfeffer und Muskat abschmecken. Krüstchen mit Wirsing anrichten. Dazu passen Salzkartoffeln.
Getränk: kühler Roséwein.

ZUBEREITUNGSZEIT ca. 1 ½ Std.
PORTION ca. 640 kcal
53 g E · 39 g F · 14 g KH

Koteletts mit Hack-Senfhaube

ZUTATEN FÜR 8 PERSONEN

- 4 mittelgroße Zwiebeln
- 250 g Gewürzgurken (Glas)
- 1 Bund Petersilie
- 8 dicke Schweinekoteletts (à 200–250 g)
- 2–3 EL Öl
- Salz · Pfeffer
- 400 g gemischtes Hack
- 500 g Schlagsahne
- 2–3 EL mittelscharfer Senf

1 Zwiebeln schälen. Zwiebeln und Gurken fein würfeln. Petersilie waschen und hacken. Koteletts waschen und trocken tupfen.

2 Öl in einer großen Pfanne erhitzen. Koteletts darin von jeder Seite kräftig anbraten. Mit Salz und Pfeffer würzen. Herausnehmen und in eine große ofenfeste Form (mit Deckel) oder in einen Bräter legen.

3 Hack im heißen Bratfett krümelig anbraten. Zwiebeln zufügen und glasig dünsten. Gurken und Petersilie unterrühren. Mit ⅜ l Wasser und Sahne ablöschen, aufkochen und ca. 1 Minute köcheln. Mit Senf, Salz und Pfeffer würzen.

4 Hacksahne auf den Koteletts verteilen. Zugedeckt im vorgeheizten Backofen (E-Herd: 175 °C/Umluft: 150 °C/Gas: Stufe 2) ca. 1 ¾ Stunden schmoren. Die letzten 10–15 Minuten offen zu Ende garen. Alles anrichten. Dazu schmecken Röstkartoffeln und grüner Salat. **Getränk:** kühles Bier.

ZUBEREITUNGSZEIT ca. 2 ¼ Std.
PORTION ca. 600 kcal
47 g E · 41 g F · 6 g KH

Gemütlicher Frühlings-Brunch

Winter ade! Ein guter Grund, Familie und Freunde zum ausgiebigen Frühstück mit open end einzuladen

Süßer Hefestuten

Feine Lachsmousse

Sahne-Rührei im Förmchen

Alles reicht für 6–8 Personen

Süßer Hefestuten

ZUTATEN FÜR CA. 12 SCHEIBEN

- 500 g + etwas Mehl · Salz
- 100 g Hagelzucker
- 75 g + etwas Butter
- 2–3 EL Zucker
- ¼ l Milch
- 1 Würfel (42 g) frische Hefe
- 1 Eigelb
- 1–2 TL Schlagsahne oder Milch

1 500 g Mehl, 1 Prise Salz und Hagelzucker, bis auf 2 EL, mischen. 75 g Butter, Zucker und Milch lauwarm erwärmen. Hefe hineinbröckeln, auflösen. Zur Mehlmischung geben. Alles zum glatten Teig verkneten. Zugedeckt am warmen Ort ca. 40 Minuten gehen lassen.

2 Eine Springform (ca. 20 cm Ø; 7,5 cm hoch) fetten und mit Mehl ausstäuben. Teig kurz mit den Händen durchkneten und in die Form legen. Zugedeckt an einem warmen Ort weitere ca. 20 Minuten gehen lassen.

3 Eigelb und Sahne verquirlen. Teig damit einstreichen, mit Rest Hagelzucker bestreuen. Im vorgeheizten Ofen (E-Herd: 200 °C/Umluft: 175 °C/Gas: Stufe 3) ca. 45 Minuten backen. Evtl. nach ca. 25 Minuten abdecken. Auskühlen lassen.

ZUBEREITUNGSZEIT ca. 20 Min.
GEHZEIT ca. 1 Std.
BACKZEIT ca. 45 Min.
SCHEIBE ca. 260 kcal
6 g E · 7 g F · 41 g KH

Dekotipps rund um Ostern

- Diese Hühner dienen im Verbund als Girlande oder einzeln als Tischkärtchen. Dazu dünnen weißen Fotokarton (DIN A3) von der kurzen Seite im Abstand von ca. 8 cm ziehharmonikaartig mehrfach hin und her falten. Zuoberst ein Huhn (ca. 9 cm hoch) so vorzeichnen, dass Bauch und Schwanz bis an die Kanten reichen (pro Spalte passen 3 Hühner untereinander). Durch alle Lagen hindurch ausschneiden. Auffalten, Kämme und Schnäbel rot bemalen.

- Der Frühling lässt grüßen: Hier werden schlichte Eierbecher zu Mini-Vasen umfunktioniert. Hinein passen alle kleinen und bunten Blümchen wie Bellies, Primeln oder Vergissmeinnicht. Dazwischen mogelt sich grüne Gartenkresse, die natürlich auch gegessen werden darf.

Sahne-Rührei im Förmchen

ZUTATEN

- 3–4 dünne Scheiben Frühstücksspeck (Bacon)
- 1 Bund Schnittlauch
- 12–14 Eier
- 200 g Schlagsahne
- Salz · Pfeffer
- 150 g TK-Erbsen

1 Speck in Streifen schneiden. Schnittlauch waschen und fein schneiden.

2 Eier und Sahne verquirlen. Mit Salz und Pfeffer würzen. Erbsen und Schnittlauch unterrühren. Speck ohne Fett knusprig braten. Abtropfen lassen.

3 6–8 kleine Förmchen (à ca. 150 ml Inhalt) mit dem Speckfett ausstreichen. Rührei einfüllen. Im vorgeheizten Backofen (E-Herd: 175 °C/Umluft: 150 °C/Gas: Stufe 2) 15–20 Minuten stocken lassen. Nach ca. 10 Minuten ab und zu umrühren und fertig stocken lassen. Mit Speck anrichten.

ZUBEREITUNGSZEIT ca. 30 Min.
PORTION ca. 250 kcal
14 g E · 19 g F · 4 g KH

Was noch dazugehört

Verschiedene Brotsorten und Brötchen, z. B. zum Aufbacken, ergänzen unsere Rezepte. Mit dabei sein sollten auch Butter, Konfitüre, Aufschnitt und Käse.

Feine Lachsmousse

ZUTATEN FÜR 10–12 STÜCKE

- 200 ml Fischfond (Glas)
- 5 Blatt weiße Gelatine
- 250 g geräucherter Lachs in Scheiben
- 75 g Crème double
- 200 g Schlagsahne
- 2 frische Eiweiß
- 1–2 EL Forellenkaviar, Kresse und evtl. etwas Schlagsahne zum Garnieren
- Frischhaltefolie

1 Fond auf ca. die Hälfte einkochen. Abkühlen lassen. Gelatine kalt einweichen. Eine Kastenform (ca. 20 cm lang; 800 ml Inhalt) mit Folie auslegen. Lachs würfeln. 2 EL beiseite stellen. Rest fein pürieren und durch ein Sieb streichen.

2 Crème double und Fond unter das Lachspüree rühren. Alles nochmals fein pürieren.

3 Sahne und Eiweiß getrennt steif schlagen. Die Gelatine ausdrücken. Bei schwacher Hitze auflösen und 2–3 EL Lachscreme einrühren. Dann alles unter die übrige Creme rühren. Lachswürfel unterheben. Erst Sahne, dann Eischnee unterziehen. Mousse glatt in die Form streichen. Mind. 6 Stunden kalt stellen.

4 Mousse stürzen, Folie abziehen. In Tortenstücke schneiden. Mit Forellenkaviar, Kresse und angeschlagener Sahne garnieren. Dazu passt Schwarzbrot.

ZUBEREITUNGSZEIT ca. 45 Min.
ABKÜHL-/KÜHLZEIT mind. 7 Std.
STÜCK ca. 140 kcal
7 g E · 11 g F · 1 g KH

Getränke-Tipp

Zum Osterfrühstück: Kaffee, Tee und Kakao oder Saft für die Kinder. Ab 11 Uhr kann man auch schon mit einem Gläschen Prosecco anstoßen. Zu den warmen Gerichten schmeckt ein frischer Roséwein oder kühles Bier.

**Ziegenkäse-Taler
auf Salat**

**Blätterteig-
Schinken-Quiche**

**Eihälften
„tonnato"**

Alles reicht für
6–8 Personen

Blätterteig-Schinken-Quiche

ZUTATEN FÜR 12 STÜCKE

- 1 Packung (270 g) frischer
  Blätterteig (rund ausgerollt; Kühlregal)
- 2 Bund Lauchzwiebeln
- 175 g gekochter Schinken
- 5 Eier
- ¼ l Milch
- Salz • Pfeffer • Muskat
- 2 EL Paniermehl
- 75 g geriebener Gouda

1 Teig aus dem Kühlschrank nehmen und 5–10 Minuten ruhen lassen. Lauchzwiebeln putzen, waschen und in feine Ringe schneiden. Schinken in Streifen schneiden. Eier, Milch, Salz, Pfeffer und Muskat verquirlen.

2 Teig entrollen. Eine Quicheform (ca. 24 cm Ø) gleichmäßig damit auslegen. Boden mit Paniermehl bestreuen.

3 Lauchzwiebeln und Schinken in die Form füllen. Eiermilch darübergießen und mit Käse bestreuen. Im vorgeheizten Backofen (E-Herd: 200 °C/Umluft: 175 °C/Gas: Stufe 3) 45–50 Minuten backen. Evtl. nach ca. 30 Minuten abdecken. Schmeckt warm am besten.

ZUBEREITUNGSZEIT ca. 1 ¼ Std.
BACKZEIT 45–50 Min.
STÜCK ca. 210 kcal
11 g E · 13 g F · 11 g KH

Ziegenkäse-Taler auf Salat

ZUTATEN

- ½ Baguette
- 6 EL Olivenöl
- 2 Rollen (à 150 g) Ziegenfrischkäse
- 3 mittelgroße Tomaten
- ca. ½ TL getrocknete italienische Kräuter
- 1–2 Zwiebeln
- 1 Radicchio • 1 Mini-Römersalat
- 125 g Rucola (Rauke)
- 2 EL Walnusskerne
- 4 EL Balsamico-Essig
- Salz • Pfeffer • Zucker
- evtl. Thymian zum Garnieren

1 Baguette in 12–16 dünne Scheiben schneiden. Auf ein Backblech legen und mit 2 EL Öl beträufeln. Käse in je 6–8 Scheiben schneiden, auf die Brote legen. Tomaten waschen, entkernen und fein würfeln. Mit den Kräutern auf den Käse streuen.

2 Zwiebeln schälen, halbieren und in Streifen schneiden. Salate putzen, waschen und kleiner zupfen. Nüsse hacken. Essig, Salz, Pfeffer und ½ TL Zucker verrühren. 4 EL Öl darunterschlagen.

3 Brote kurz vor dem Servieren im vorgeheizten Backofen (E-Herd: 225 °C/Umluft: 200 °C/Gas: Stufe 4) goldbraun überbacken. Salat und Marinade mischen. Alles anrichten, garnieren.

ZUBEREITUNGSZEIT ca. 35 Min.
PORTION ca. 250 kcal
10 g E · 18 g F · 9 g KH

Eihälften „tonnato"

ZUTATEN

- 8 Eier
- 2 Dosen (à 200 g) Thunfisch
- 1 Zwiebel
- 1 Knoblauchzehe
- ½ Bund/Töpfchen Basilikum
- 4 EL Salat-Mayonnaise
- 3–4 EL Weißwein-Essig
- Salz • Pfeffer
- 2–3 EL Kapern, evtl. einige Kapernäpfel und Paprikapulver zum Garnieren

1 Eier hart kochen. Dann abschrecken und auskühlen lassen. Thunfisch abtropfen lassen.

2 Zwiebel und Knoblauch schälen, würfeln. Basilikum waschen und abzupfen. Thunfisch mit Mayonnaise, Essig, Knoblauch, Zwiebel und 4–5 Basilikumblättchen fein pürieren. Abschmecken.

3 Eier schälen, halbieren. Mit Thunfischcreme anrichten. Mit Kapern, Kapernäpfeln, Rest Basilikum und Paprikapulver garnieren.

ZUBEREITUNGSZEIT ca. 30 Min.
AUSKÜHLZEIT ca. 20 Min.
PORTION ca. 310 kcal
14 g E · 26 g F · 2 g KH

Sahnejoghurt mit Mangopüree

ZUTATEN FÜR 6–8 PERSONEN

- 8 Blatt weiße Gelatine
- 2 reife Mangos (à ca. 300 g)
- 2 Päckchen Vanillin-Zucker
- 2 Bio-Zitronen
- 600 g Vollmilch-Joghurt
- 4–5 EL Zucker
- 400 g Schlagsahne
- evtl. Minze zum Verzieren

1 Je 4 Blatt Gelatine getrennt kalt einweichen. Mangos schälen. Fruchtfleisch vom Stein schneiden, grob würfeln und mit Vanillin-Zucker pürieren. Zitronen waschen, trocken tupfen und in dünne Scheiben schneiden.

2 Joghurt mit Zucker abschmecken. 4 Blatt Gelatine ausdrücken und bei milder Hitze auflösen. 3 EL Joghurt unterrühren, dann unter Rest Joghurt rühren. Kalt stellen, bis er zu gelieren beginnt.

3 4 Blatt Gelatine ausdrücken, auflösen. Mango nach und nach unterrühren. Kalt stellen, bis es zu gelieren beginnt.

4 Sahne steif schlagen, unter die Joghurtcreme heben. Im Wechsel mit dem Mangopüree in 6–8 Gläser schichten, dabei je 1–2 Zitronenscheiben an den Rand stellen. Mit einer Gabel durchziehen. Mind. 3 Stunden kalt stellen. Verzieren.

ZUBEREITUNGSZEIT ca. 30 Min.
GELIER-/KÜHLZEIT mind. 3 ¼ Std.
PORTION ca. 310 kcal
6 g E · 19 g F · 27 g KH

**Kleine
Pizza-Schnecken**

**Eier in
Tomaten-Salsa**

**Gemüsesticks
zu Thunfisch-Dip**

Groß feiern für kleines Geld

Gutes muss nicht teuer sein: Fleischsalat, Nudel-Gratin und Schichtspeise machen alle satt und rundum glücklich!

Sahnige Schichtspeise

Kartoffel-Fleischsalat

Pikanter Hack-Krautsalat

Dreierlei Nudel-Gratin

37

Kleine Pizza-Schnecken

ZUTATEN FÜR CA. 15 STÜCK

- 200 g Mozzarella
- ½ Bund/Töpfchen Basilikum
- 1 Packung (600 g) ausgerollter
  Pizza-Teig mit Tomatensoße (Kühlregal)
- etwas Mehl • Salz • Pfeffer
- 1–2 TL getrocknete ital. Kräuter
- Backpapier

1 Mozzarella in dünne Scheiben schneiden. Basilikum waschen, abzupfen.

2 Teig auf etwas Mehl entrollen. Leicht mit wenig Mehl bestäuben und größer (ca. 22 x 35 cm) ausrollen. Die Hälfte Tomatensoße darauf verteilen. Mit Salz, Pfeffer und Kräutern würzen. Mozzarella und Basilikum darauf verteilen, rundherum ca. 1 cm frei lassen. Teig von der langen Seite her aufrollen.

3 Rolle in ca. 15 Scheiben schneiden. Schnecken aufs mit Backpapier ausgelegte Blech legen. Im vorgeheizten Backofen (E-Herd: 200 °C/Umluft: 175 °C/ Gas: Stufe 3) ca. 15 Minuten backen.

ZUBEREITUNGSZEIT ca. 20 Min.
BACKZEIT ca. 15 Min.
STÜCK ca. 110 kcal
5 g E · 3 g F · 14 g KH

Gemüsesticks zu Thunfisch-Dip

ZUTATEN

- 4 Dosen (à 200 g) Thunfisch
- 1 Glas (53 ml) Kapern • 2 Zwiebeln
- 500 g Salat-Mayonnaise
- Salz • Pfeffer • 2–3 EL Zitronensaft
- 500 g Möhren • 1 große Salatgurke
- 3 Paprikaschoten (z. B. grün, gelb und rot)
- 2 große Chicorée
- je 75 g schwarze und grüne Oliven

1 Thunfisch und Kapern getrennt abtropfen lassen. Zwiebeln schälen, fein würfeln. Thunfisch, Zwiebeln, Mayonnaise und ⅔ Kapern pürieren. Abschmecken.

2 Gemüse schälen bzw. putzen und waschen. Möhren, Gurke und Paprika in Stifte schneiden. Chicoréeblätter einzeln ablösen. Oliven abtropfen lassen. Gemüse, Oliven und Dip anrichten. Dip mit den übrigen Kapern bestreuen.

ZUBEREITUNGSZEIT ca. 30 Min.
PORTION ca. 320 kcal
16 g E · 24 g F · 7 g KH

Eier in Tomaten-Salsa

ZUTATEN

- 15 Eier
- 4 mittelgroße Zwiebeln
- 1 Dose (850 ml) Tomaten
- 4 EL Tomatenketchup
- 3–4 EL Weißwein-Essig
- Salz • Pfeffer
- Edelsüß-Paprika • Zucker
- Cayennepfeffer
- 5 EL Öl (z. B. Olivenöl)
- 1–2 kleine Gläser (à 156 ml)
  schwarze Oliven

1 Eier hart kochen. Abschrecken und auskühlen lassen.

2 Zwiebeln schälen und in feine Ringe schneiden. Tomaten, bis auf 2, samt Saft fein pürieren. Die restlichen Tomaten würfeln. Mit Zwiebeln, Ketchup und Essig unter das Püree rühren. Salsa mit Salz, Pfeffer, Paprika, etwas Zucker und Cayennepfeffer abschmecken. Öl darunterrühren.

3 Oliven abtropfen lassen. Die Eier schälen. Beides mit der Tomaten-Salsa z. B. in ein Glasgefäß schichten. Mind. 2 Stunden zugedeckt durchziehen lassen.

ZUBEREITUNGSZEIT ca. 30 Min.
AUSKÜHL-/MARINIERZEIT mind. 2½ Std.
PORTION ca. 160 kcal
9 g E · 11 g F · 4 g KH

Pikanter Hack-Krautsalat

ZUTATEN

- 1 Weißkohl (ca. 1,3 kg)
- Salz • Pfeffer
- 2 Zwiebeln
- 1,5 kg gemischtes Hack
- 7–8 EL Öl
- 750 g Tomaten
- 3 EL Tomatenketchup
- ⅛ l Weißwein-Essig
- 1 EL getrockneter Thymian
- Cayennepfeffer • Zucker

1 Kohl putzen, waschen, achteln und den Strunk entfernen. Kohl blättrig schneiden. In einer großen Schüssel mit 1 EL Salz bestreuen, gut durchkneten. Ca. 45 Minuten ziehen lassen.

2 Zwiebeln schälen und grob würfeln. Hack in 2–3 EL heißem Öl portions-

weise krümelig kräftig anbraten. Mit Salz und Pfeffer würzen. Tomaten waschen und grob zerkleinern.

3 Ketchup, Essig, Thymian, Salz, Cayennepfeffer und etwas Zucker verrühren. 5 EL Öl darunterschlagen. Mit Kohl, Zwiebeln, Hack und Tomaten locker mischen und zugedeckt im Kühlschrank mind. 4 Stunden durchziehen lassen. Nochmals abschmecken.

ZUBEREITUNGSZEIT ca. 50 Min.
MARINIERZEIT mind. 4¾ Std.
PORTION ca. 250 kcal
21 g E · 15 g F · 6 g KH

Dreierlei Nudel-Gratin

ZUTATEN

- je 500 g Tortellini (getrocknet),
  Spiral- und Bandnudeln
- Salz • Pfeffer
- 2 große Zwiebeln
- 500 g Champignons
- 400 g Käse (z. B. Edamer + Gouda; Stück)
- 2 EL (50 g) + etwas Butter/Margarine
- 1 TL getrocknete italienische Kräuter
- 3 gehäufte EL (50 g) Mehl
- ½ l Milch
- 200 g Schlagsahne
- 3–4 TL Gemüsebrühe

1 Tortellini in reichlich kochendem Salzwasser 12–15 Minuten (s. auch Packungsanweisung), Spiral- und Bandnudeln separat 8–10 Minuten bissfest garen. Alle Nudeln abtropfen lassen.

2 Zwiebeln schälen und fein würfeln. Pilze putzen, waschen und in Scheiben schneiden. Käse grob raspeln.

Alles reicht für 12-15 Personen

3 Pilze in 2 EL heißem Fett kräftig anbraten. Zwiebeln kurz mit andünsten. Mit Salz, Pfeffer und Kräutern würzen. Mehl zugeben, kurz anschwitzen. Mit 1 l Wasser, Milch und Sahne unter Rühren ablöschen, aufkochen. Brühe und Hälfte Käse einrühren, ca. 5 Minuten köcheln. Soße abschmecken.

4 Nudeln in 2 großen gefetteten Auflaufformen verteilen. Soße darübergießen und mit Rest Käse bestreuen. Im vorgeheizten Backofen (E-Herd: 200 °C/ Umluft: 175 °C/Gas: Stufe 3) 20–30 Minuten goldbraun überbacken.

ZUBEREITUNGSZEIT ca. 1 ½ Std.
PORTION ca. 570 kcal
23 g E · 18 g F · 75 g KH

Kartoffel-Fleischsalat

ZUTATEN

- 2 kg festkochende Kartoffeln
- 5 Eier
- 300 g TK-Erbsen
- Salz • Pfeffer
- 250 g Salat-Mayonnaise
- 200 g Dickmilch oder Joghurt
- 200 g Gewürzgurken und 200 ml Gurkenwasser (Glas)
- 800 g Fleischwurst (Ring)
- 2 säuerliche Äpfel • 1–2 EL Zitronensaft
- Zucker
- ca. 4 EL Weißwein-Essig
- evtl. Salatblätter zum Garnieren

1 Kartoffeln waschen und ca. 20 Minuten kochen. Eier hart kochen. Beides abschrecken, schälen und auskühlen lassen. Erbsen in wenig kochendem Salzwasser zugedeckt 2–3 Minuten dünsten. Abtropfen, ebenfalls auskühlen lassen.

2 Mayonnaise, Dickmilch und Gurkenwasser verrühren. Mit Salz, Pfeffer, etwas Zucker und Essig abschmecken.

3 Gurken in Scheiben schneiden. Wurst häuten und in Streifen schneiden. Kartoffeln in Scheiben schneiden, Eier grob würfeln. Äpfel waschen, entkernen und in feine Stücke schneiden. Sofort mit Zitronensaft beträufeln.

4 Alle vorbereiteten Salatzutaten locker mischen. Zugedeckt mind. 4 Stunden ziehen lassen. Nochmals abschmecken. Mit Salatblättern garnieren.

ZUBEREITUNGSZEIT ca. 1 ¼ Std.
AUSKÜHL-/MARINIERZEIT mind. 5 Std.
PORTION ca. 390 kcal
13 g E · 26 g F · 22 g KH

Sahnige Schichtspeise

ZUTATEN

- 2 Gläser (à 720 ml) Kirschen
- 2 Dosen (à 850 ml) Aprikosen
- 70 g Speisestärke
- 1 ½ l Milch
- 3 Päckchen Puddingpulver „Vanille" (zum Kochen; für je ½ l Milch)
- 150 g Zucker
- 500 g Schmand oder Crème fraîche
- 200 g Schlagsahne
- 3 Päckchen Vanillin-Zucker
- 1 Kiwi und evtl. Minze zum Verzieren

1 Obst getrennt abtropfen lassen und den Saft auffangen. Kirschsaft mit ca. 350 ml Aprikosensaft auf knapp 1 l Flüssigkeit auffüllen. 100 ml Saft und Stärke glatt verrühren. Rest Saft aufkochen. Stärke einrühren und aufkochen. Ca. 1 Minute köcheln. Kirschen unterheben und auskühlen lassen. Ca. 3 EL davon beiseite stellen.

2 150 ml Milch, Puddingpulver und Zucker glatt rühren. Übrige Milch aufkochen. Puddingpulver einrühren, aufkochen und ca. 1 Minute köcheln. Kirschkompott in eine große Glasschale füllen. Heißen Pudding darauf verteilen, alles ca. 30 Minuten abkühlen lassen.

3 Schmand, Sahne und Vanillin-Zucker mit den Schneebesen des Handrührgerätes halbsteif schlagen. Aprikosen, bis auf einige Hälften, auf dem Pudding verteilen. Schmandcreme daraufgeben. Zugedeckt mind. 1 Stunde kalt stellen. Mit übrigem Kirschkompott und Aprikosen anrichten. Kiwi schälen und in Scheiben schneiden. Dessert mit Kiwi und Minze verzieren.

ZUBEREITUNGSZEIT ca. 1 Std.
KÜHLZEIT mind. 2 ½ Std.
PORTION ca. 410 kcal
5 g E · 15 g F · 60 g KH

Getränke-Tipp

Zum Buffet passt am besten Bier. Kein Platz im Kühlschrank? Flaschen einfach in eine Wanne mit Eiswürfeln oder Kühlakkus legen.

Gut geplant

AM VORTAG
- Pizza-Schnecken backen (oder früher machen und einfrieren).
- Eier in Salsa einlegen.
- Kartoffelsalat, bis auf Apfel, mischen.
- Kirschkompott kochen.

AM PARTYMORGEN
- Dip und Hacksalat zubereiten.
- Gemüse putzen, Nudeln kochen.
- Soße zubereiten, vor dem Einschichten

erhitzen, evtl. mit Brühe verdünnen.
- Kartoffelsalat zubereiten.
- Dessert fertigstellen.
- Pizza-Schnecken evtl. auftauen.

1 STUNDE VORHER
- Gemüsesticks schneiden.

GUT ½ STUNDE VORHER
- Nudelauflauf backen.
- Danach Pizza-Schnecken in Alufolie bei 200 °C ca. 5 Minuten aufbacken. Oder ca. 15 Minuten backen.

Party-Schlemmertopf

ZUTATEN FÜR 10–12 PERSONEN

- 600 g Zwiebeln
- 300–400 g geräucherter durchwachsener Speck
- 5–6 Mettenden (ca. 600 g) oder Cabanossi
- 1,2 kg mageres Schweinegulasch
- 2 Dosen (à 850 ml) Tomaten
- 200 g Schmand oder Crème fraîche
- 250 g Schlagsahne
- ½ Flasche (ca. 225 ml) Tomatenketchup
- Salz • Pfeffer
- 1 TL getrockneter Thymian
- evtl. Thymian zum Garnieren

1 Zwiebeln schälen, in Ringe schneiden. Speck und Mettenden in dicke Scheiben schneiden. Alles mit Gulasch und Tomaten samt Saft in einen großen Bräter schichten. Tomaten etwas zerdrücken.

2 Schmand, Sahne und Ketchup verrühren. Mit Salz, Pfeffer und Thymian würzen. Soße über das Fleisch gießen. Zugedeckt im vorgeheizten Backofen (E-Herd: 200 °C/Umluft: 175 °C/Gas: Stufe 3) ca. 2 Stunden schmoren.

3 Schlemmertopf in den letzten 30 Minuten offen zu Ende schmoren. Mit Thymian garnieren. Dazu schmeckt Baguette oder Bauernbrot.
Getränk: kühles Bier.

ZUBEREITUNGSZEIT ca. 2¼ Std.
PORTION ca. 600 kcal
36 g E · 43 g F · 13 g KH

Originelle Party-Töpfe

Eine warme Suppe darf auf keiner Fete fehlen! Vorweg, mittendrin oder um Mitternacht ist sie als Stärkung willkommen

Lauch-Kartoffel-Ragout (Porrosalda)

ZUTATEN FÜR 4 PERSONEN

- 200 g geräucherter durchwachsener Speck
- 1 kg Porree (Lauch)
- 750 g Kartoffeln
- 2 Knoblauchzehen
- 1 Bouquet garni (Kräuterstrauß aus Lorbeer, Petersilie und Majoran)
- 2 EL Gänse- oder Schweineschmalz
- 2 EL Mehl
- 1 TL Gemüsebrühe
- Salz • Pfeffer

1 Speck in Streifen schneiden. Porree putzen, waschen und in dicke Ringe schneiden. Kartoffeln schälen, waschen und in Scheiben schneiden. Knoblauch schälen und hacken. Kräuter waschen.

2 Schmalz im großen Topf erhitzen. Speck darin goldbraun braten. Porree und Kartoffeln ca. 5 Minuten mitbraten.

3 Mehl darüberstäuben, kurz anschwitzen. Gut ¾ l Wasser angießen. Brühe, Knoblauch und Bouquet garni zufügen. Alles aufkochen und zugedeckt bei schwacher Hitze ca. 30 Minuten köcheln. Mit Salz und Pfeffer abschmecken.

ZUBEREITUNGSZEIT ca. 1 Std.
PORTION ca. 530 kcal
11 g E · 38 g F · 32 g KH

Bohnen-Topf mit Mettbällchen

ZUTATEN FÜR 4–6 PERSONEN

- 300 g getrocknete weiße Bohnen
- 300 g Mett
- Cayennepfeffer
- 1 EL Öl
- 2 Zwiebeln
- 1 Knoblauchzehe
- 2–3 Lorbeerblätter
- Salz
- 100 g Langkorn-Reis
- 2 Möhren
- 250 g Staudensellerie
- 1 Stange Porree (Lauch)
- 1 Dose (850 ml) Tomaten
- 1 Dose (425 ml) Kidney-Bohnen
- 3–4 Stiele Petersilie

1 Bohnen waschen. Mit Wasser bedeckt über Nacht einweichen.

2 Mett mit Cayennepfeffer verkneten. Zu Bällchen formen. Im heißen Öl im großen Topf ca. 5 Minuten rundherum goldbraun braten. Herausnehmen.

3 Zwiebeln und Knoblauch schälen, beides hacken. Im heißen Bratfett andünsten. Bohnen abgießen und abspülen. 1½ l Wasser, Lorbeer und etwas Salz zufügen. Aufkochen, zugedeckt ca. 1½ Stunden köcheln lassen.

4 Reis in Salzwasser ca. 20 Minuten kochen. Gemüse putzen bzw. schälen und waschen. Möhren und Sellerie fein würfeln. Porree in Ringe schneiden. Gemüse und zerdrückte Tomaten samt Saft nach ca. 1 Stunde zu den Bohnen geben und mitgaren.

5 Reis abgießen. Kidney-Bohnen abspülen und abtropfen lassen. Mit Reis und

Bällchen ca. 5 Minuten vor Ende der Garzeit zugeben. Abschmecken. Petersilie waschen, hacken und darüberstreuen. **Getränk:** kühles Bier.

ZUBEREITUNGSZEIT ca. 2 Std.
EINWEICHZEIT ca. 12 Std.
PORTION 490 kcal
33 g E · 15 g F · 53 g KH

Bohnenkerne ...

sind eine gesunde, weil eiweißreiche und sättigende Basis für Eintöpfe. Wer das Einweichen und die lange Garzeit scheut, nimmt statt getrockneter Bohnen Dosenbohnen.

Rosenkohl-Hacktopf mit Walnuss-Pesto

ZUTATEN FÜR 8 PERSONEN

- 1,5 kg Rosenkohl
- 3 Knoblauchzehen
- 2 Zwiebeln
- ½ Bund/Töpfchen frischer oder
  1–2 TL getrockneter Thymian
- 600–800 g Rinderhack
- 2 EL + 200 ml Olivenöl
- Salz • Pfeffer
- 3 EL Tomatenmark
- 3 EL Gemüsebrühe
- 2 Dosen (à 850 ml) Tomaten
- 2 Bund glatte Petersilie
- 100 g Walnusskerne
- 1 Dose (850 ml) weiße Bohnen

1 Rosenkohl putzen und waschen. Knoblauch und Zwiebeln schälen, hacken. Thymian waschen, abzupfen.

2 Hack in 1 EL heißem Öl im großen Topf krümelig braten. Mit Salz und Pfeffer würzen. Zwiebeln und die Hälfte Knoblauch kurz mitbraten. Tomatenmark zugeben und darin kurz anschwitzen.

3 2 l Wasser, Brühe, Thymian und Tomaten samt Saft zufügen, Tomaten etwas zerkleinern. Rosenkohl zugeben. Alles aufkochen und zugedeckt ca. 20 Minuten köcheln.

4 Petersilie waschen und abzupfen. Mit Nüssen und Rest Knoblauch pürieren, dabei langsam 100 ml Öl zugießen. Pesto mit Salz und Pfeffer abschmecken. Bohnen im Sieb abspülen und abtropfen lassen. Ca. 10 Minuten im Rosenkohl-Hacktopf mitköcheln, abschmecken. Mit dem Walnuss-Pesto anrichten.

ZUBEREITUNGSZEIT ca. 50 Min.
PORTION ca. 670 kcal
32 g E · 47 g F · 24 g KH

Walnuss-Pesto ...
hält sich im Kühlschrank gut 4 Wochen. Machen Sie doch gleich die doppelte Menge und servieren Sie es auch mal zu Pasta.

Feuriger Chilitopf aus dem Ofen

ZUTATEN FÜR 4–6 PERSONEN

• 1 Dose (425 ml) Kidney-Bohnen
• 1 Dose (425 ml) Maiskörner
• 2 Bund Lauchzwiebeln
• 1 kg Schweinegulasch
• 2–3 EL Öl
• Salz • Pfeffer
• 1 EL Mehl
• 2 TL Gemüsebrühe
• 100–150 ml Thai-Chili-Sauce (Flasche)
• 1 Dose (850 ml) Tomaten
• ½ Bund Petersilie (z. B. glatte)

1 Bohnen abspülen und abtropfen lassen. Mais ebenfalls abtropfen lassen. Lauchzwiebeln putzen, waschen und in dicke Ringe schneiden. Fleisch trocken tupfen und evtl. kleiner würfeln.

2 Öl in einem Bräter oder Schmortopf erhitzen. Fleisch portionsweise darin kräftig anbraten. Mit Salz und Pfeffer würzen, herausnehmen. Lauchzwiebelringe im Bratfett kurz andünsten.

3 Gesamtes Fleisch wieder zugeben. Mehl darüberstäuben, anschwitzen. ³⁄₈–½ l Wasser, Brühe und Chili-Sauce einrühren. Bohnen, Mais und Tomaten samt Saft zugeben, Tomaten etwas zerdrücken. Mit Salz und Pfeffer würzen.

4 Alles aufkochen und zugedeckt im vorgeheizten Backofen (E-Herd: 175 °C/Umluft: 150 °C/Gas: Stufe 2) ca. 1 ¾ Stunden schmoren. Abschmecken. Petersilie waschen, fein schneiden und darüberstreuen. Dazu schmecken Taco-Chips und Schmand.
Getränk: kühles Bier.

ZUBEREITUNGSZEIT ca. 2 ¼ Std.
PORTION ca. 490 kcal
47 g E · 10 g F · 51 g KH

Erbsensuppe mit Wurst & Röstbrot

ZUTATEN FÜR 6–8 PERSONEN

- 2 Zwiebeln
- 1 Möhre
- 4 große Kartoffeln (ca. 300 g)
- 250 g geräucherter durchwachsener Speck
- 500 g getrocknete Schälerbsen
- 500 g Fleischwurst
- 4 Scheiben Mischbrot
- 2–3 EL Butter
- 200 g Schlagsahne
- 1–2 TL Meerrettich (Glas)
- Salz • Pfeffer
- 1 Bund Petersilie

1 Zwiebeln schälen und 1 würfeln. Möhre und Kartoffeln schälen, waschen und würfeln.

2 Speck im großen Topf kurz anbraten. Zwiebelwürfel, Kartoffeln und Möhre kurz mitdünsten. Erbsen abspülen, mit 2 l Wasser zufügen. Alles aufkochen. Zugedeckt ca. 1 ½ Stunden köcheln. Speck nach ca. 1 Stunde herausnehmen.

3 Wurst, Brot und 1 Zwiebel würfeln. In heißer Butter portionsweise 4–6 Minuten braten. Herausnehmen.

4 Sahne halbsteif schlagen. Meerrettich unterrühren. Speck würfeln und in die Suppe geben. Mit Salz und Pfeffer abschmecken. Petersilie waschen und hacken. Suppe mit Sahne-Meerrettich, Brot-Mischung und Petersilie anrichten.

ZUBEREITUNGSZEIT ca. 1 ¾ Std.
PORTION ca. 700 kcal
27 g E · 44 g F · 43 g KH

Rieslingtopf „Besoffene Wutz"

ZUTATEN FÜR 4 PERSONEN

- 750 g Schweineschulter
  (Schwarte und Knochen vom
  Fleischer entfernen lassen)
- 1 Schweinefilet (ca. 250 g)
- evtl. 2 Schweinefüße und
  1 -schwänzchen (beim Fleischer
  zerkleinert vorbestellen)
- 1 großes Bund Suppengrün
- je 3 Stiele Petersilie und Thymian
- 3 Knoblauchzehen
- ½ l Weißwein (z. B. Riesling)
- Salz • Pfeffer
- 1 Lorbeerblatt
- gemahlener Koriander
- 1 kg festkochende Kartoffeln
- 2 Zwiebeln

1 Gesamtes Fleisch waschen und trocken tupfen. Schweineschulter und -filet grob würfeln. Suppengrün putzen bzw. schälen, waschen und klein schneiden.

2 Petersilie und Thymian waschen, fein hacken. Knoblauch schälen und durch eine Knoblauchpresse drücken. Alles mit Wein, Salz, Pfeffer, Lorbeer und 1 Prise Koriander verrühren. Gesamtes Fleisch und Suppengrün damit mischen und zugedeckt im Kühlschrank ca. 24 Stunden marinieren.

3 Kartoffeln schälen, waschen und in Scheiben schneiden. Zwiebeln schälen und in feine Ringe schneiden. Fleisch abgießen, dabei die Marinade auffangen. Alles in einen großen Bräter schichten, dabei mit Kartoffeln abschließen. Die Marinade darübergießen.

4 Zugedeckt im vorgeheizten Backofen (E-Herd: 200 °C/Umluft: 175 °C/Gas: Stufe 3) ca. 2 Stunden schmoren. Mit Salz und Pfeffer abschmecken.
Getränk: kühler Weißwein.

ZUBEREITUNGSZEIT ca. 2 ½ Std.
MARINIERZEIT ca. 24 Std.
PORTION ca. 660 kcal
60 g E · 19 g F · 38 g KH

Bohnen-Eintopf „Feijoada"

ZUTATEN FÜR 6–8 PERSONEN

- 500 g getrocknete schwarze Bohnen
  (ersatzw. Kidney-Bohnen)
- 200 g geräucherter
  durchwachsener Speck
- 4 Zwiebeln
- 1 kg gepökeltes Eisbein
- 700 g Kasseler-Kotelett
- 200 g Chorizo (spanische Paprikawurst)
- 3 Knoblauchzehen
- 4 Tomaten
- 1 grüne Paprikaschote
- 1 Bund Lauchzwiebeln
- 2 rote Peperoni oder 1 kleine Chili
- 2 EL Öl
- Salz • Pfeffer
- evtl. Petersilie und Bio-Orange
  zum Garnieren

1 Bohnen über Nacht in reichlich Wasser einweichen. Am nächsten Tag abspülen. Mit Wasser bedeckt aufkochen. Zugedeckt ca. 30 Minuten kochen. Speck zufügen. Alles zugedeckt ca. 1½ Stunden weiterköcheln.

2 2 Zwiebeln schälen, halbieren. Eisbein waschen. Beides in ca. 3 l kochendem Wasser zugedeckt ca. 1 Stunde köcheln. Kasseler zufügen und alles ca. 1 Stunde weiterköcheln. Wurst in Scheiben schneiden und ca. 10 Minuten mitgaren.

3 Für die Würzmischung: 2 Zwiebeln und Knoblauch schälen, würfeln. Tomaten, Paprika, Lauchzwiebeln und Peperoni putzen, waschen. Alles klein schneiden. Zwiebeln und Knoblauch im heißen Öl andünsten. Zerkleinertes Gemüse und Peperoni zufügen. Alles ca. 5 Minuten schmoren, abschmecken.

4 Speck herausnehmen, abspülen. Bohnen abtropfen lassen. Eisbein von Schwarte und Knochen lösen und grob würfeln. Speck und Kasseler klein schneiden. Zwiebelhälften entfernen. Bohnen, Fleisch und Würzmischung in der Suppe aufkochen. Dann kräftig abschmecken und garnieren. Dazu passt Reis.
Getränk: kühles Bier.

ZUBEREITUNGSZEIT ca. 2½ Std.
EINWEICHZEIT ca. 12 Std.
PORTION ca. 590 kcal
42 g E · 33 g F · 26 g KH

Champignon-Käsecreme-Suppe

ZUTATEN FÜR 8–10 PERSONEN

- 400–500 g Champignons
- 150 g Frühstücksspeck in dünnen Scheiben (Bacon)
- 2 EL Butter/Margarine
- 3 leicht gehäufte EL Mehl
- 150 ml Weißwein (s. Tipp)
- 200 g Schlagsahne
- 2 EL Gemüsebrühe
- 100 g milder Butterkäse (Stück)
- 200 g Sahne-Schmelzkäse
- Salz • Pfeffer

1 Pilze putzen, waschen und in Scheiben schneiden. Speck in Streifen schneiden und im Topf anbraten, herausnehmen.

2 Fett im Topf erhitzen. Pilze darin anbraten. Mehl darüberstäuben und unter Rühren kurz anschwitzen. Wein, Sahne, 1 ½ l Wasser und Brühe einrühren, aufkochen.

3 Butterkäse fein würfeln. Mit Schmelzkäse nach und nach einrühren. Unter öfterem Rühren 2–3 Minuten köcheln. Mit Salz und Pfeffer abschmecken. Mit dem Knusperspeck anrichten.

ZUBEREITUNGSZEIT ca. 30 Min.
PORTION ca. 270 kcal
11 g E · 21 g F · 6 g KH

Extra-Tipps

Wein für die Suppe – welchen nehmen? Mit jedem trockenen Weißen, (z. B. Riesling) aber auch mit einem Halbtrockenen liegen Sie richtig.

Als Champignons empfehlen wir braune (= Rosé-Champignons). Sie haben ein kräftigeres Aroma.

Waldorfsalat
mit Pfifferlingen

Garnelen-
Mango-Spießchen

Hähnchenschnitzel
auf Goldgelee

Lachs-Grissini

Lachs-Pralinés

50

Festliche Familienfeier

Sie möchten ein Jubiläum oder einen runden Geburtstag feiern? Da liegen Sie mit diesem Spitzen-Buffet genau richtig

Käseplatte mit 3 Dips

Pflaumensoße

Orangen-Senfsoße

Birnensoße

Medaillons auf Silbergelee

Nuss-Obatzda

Garnelen-Mango-Spießchen

ZUTATEN FÜR CA. 30 STÜCK

- 1 TK-Garnelenring (ca. 210 g)
- 1 reife Mango
- Salz
- 4 Stiele Minze
- 250 g Schmand
- 1 TL Wasabi (grüner Meerrettich; Tube)
- ca. 30 Holzspießchen

1 Garnelen auftauen. Mango schälen, würfeln. Garnelen in wenig kochendem Salzwasser ca. 1 Minute garen. Abschrecken, abtropfen und abkühlen lassen. Schwanzflossen entfernen.

2 Minze waschen. Je 1 Garnele, 1 Mangowürfel und etwas Minze auf 1 Spieß stecken. Schmand, Wasabi und Salz verrühren, dazureichen.

ZUBEREITUNGSZEIT ca. 20 Min.
AUFTAU-/AUSKÜHLZEIT 2–3 Std.
STÜCK ca. 100 kcal
4 g E · 7 g F · 5 g KH

Lachs-Pralinés

ZUTATEN

- 200 g geräuchertes Forellenfilet
- 500 g geräucherter Lachs
  in dünnen Scheiben
- 2 EL Zitronensaft
- 200 g Doppelrahm-Frischkäse
- Salz · Pfeffer
- Lachs, Zitrone und Physalis
- Pralinen-Manschetten

1 Forellenfilet und 50 g Lachs in Stücke schneiden. Ca. 30 Minuten ins Gefrierfach stellen. Dann in 2 Portionen mit je 1 EL Zitronensaft pürieren. Frischkäse unterrühren, abschmecken.

2 ⅓ der Lachsscheiben mit der Hälfte der Creme bestreichen, aufrollen und ca. 30 Minuten ins Gefrierfach stellen. Übrige Creme in Häufchen auf restliche

Lachsscheiben setzen. Lachs darumwickeln und vorsichtig zu Kugeln formen. Evtl. überstehenden Lachs abschneiden. Zugedeckt ca. 1 Stunde kalt stellen.

3 Die Lachsröllchen in breite schräge Scheiben schneiden. Lachspralinen in die Manschetten setzen. Mit Lachsrose, Zitrone und Physalis garnieren.

ZUBEREITUNGSZEIT ca. 45 Min.
EINFRIER-/KÜHLZEIT ca. 2 Std.
PORTION ca. 180 kcal
16 g E · 13 g F · 1 g KH

Schnell gemacht: Lachs-Grissini

Mini-Aufwand – Maxi-Wirkung!
Einfach 4–5 dünne Scheiben Räucherlachs längs halbieren und um die Spitzen von 8–10 Grissinistangen wickeln.

Waldorfsalat mit Pfifferlingen

ZUTATEN

- 1 kleiner Knollensellerie (ca. 750 g)
- 2 Äpfel
- Saft von 1 Zitrone
- 100 g Walnusskerne
- 1 Glas (580 ml) Pfifferlinge
- 300 g Vollmilch-Joghurt
- 150 g Salatcreme
- 100 ml Milch · Salz · Pfeffer
- 2–3 Stiele Petersilie

1 Sellerie schälen, waschen. Äpfel waschen. Sellerie und Äpfel fein raspeln. Mit Zitronensaft mischen. Nüsse grob hacken. Pfifferlinge abtropfen lassen.

2 Joghurt, Salatcreme und Milch glatt rühren. Mit Salz und Pfeffer abschmecken. Alles mischen und mind. 2 Stunden kalt stellen. Petersilie waschen, hacken und darüberstreuen.

ZUBEREITUNGSZEIT ca. 30 Min.
MARINIERZEIT mind. 2 Std.
PORTION ca. 180 kcal
4 g E · 14 g F · 9 g KH

Hähnchenschnitzel auf Goldgelee

ZUTATEN

- 7 Blatt weiße Gelatine
- 200 ml Geflügelfond (Glas)
- 5 EL Cream-Sherry
- 2–3 Hähnchenfilets (à 250 g)
- 2 Eier
- Salz · Pfeffer
- Mehl und Paniermehl zum Wenden
- 5 EL Öl
- 1 Bio-Zitrone
- essbare Goldsternchen
  zum Bestreuen (s. Tipp)

1 Gelatine kalt einweichen. Fond erhitzen. Gelatine gut ausdrücken und darin auflösen. Sherry unterrühren. In eine flache Form gießen. Mind. 6 Stunden kalt stellen.

2 Fleisch waschen, trocken tupfen und in ca. 20 dünne Scheiben schneiden. Eier verquirlen, mit Salz und Pfeffer würzen. Schnitzel erst im Mehl, dann im Ei und im Paniermehl wenden. Im heißen Öl pro Seite 1–2 Minuten goldbraun braten. Abtropfen lassen.

3 Zitrone waschen, in Scheiben schneiden. Gelee grob würfeln und auf einer Platte verteilen. Schnitzel und Zitronenscheiben darauf anrichten. Mit Goldsternchen bestreuen.

ZUBEREITUNGSZEIT ca. 1 Std.
GELIERZEIT mind. 6 Std.
PORTION ca. 140 kcal
13 g E · 7 g F · 5 g KH

Ein Hauch von Luxus

Ob in Gold oder Silber: Sternchen, Flocken oder Flitter sind das funkelnde i-Tüpfelchen z. B. für silberne und goldene Jubiläen und für viele andere Party-Köstlichkeiten, coole Drinks oder Gebäck. Gold- und Silbersternchen, -flocken und -flitter können Sie im Internet, z. B. bei www.ambienti.de, bestellen.

Alles reicht für 8–10 Personen

Medaillons auf Silbergelee

ZUTATEN

- 7 Blatt weiße Gelatine
- 5 EL Gin
- 200 ml Tonic-Water
- 500–600 g Schweinefilet
- 3 EL Öl • Salz • Pfeffer
- 200 g Trüffelleberwurst
- 7 EL Schlagsahne
- einige Stiele glatte Petersilie
- essbare Silbersternchen
  zum Bestreuen (s. Tipp)

1 Gelatine kalt einweichen. Gin und Tonic erwärmen. Gelatine ausdrücken und darin auflösen. In eine Form gießen. Mind. 6 Stunden kalt stellen.

2 Fleisch in ca. 20 Scheiben schneiden. Im heißen Öl pro Seite 1–2 Minuten braten. Würzen und auskühlen lassen.

3 Leberwurst und Sahne glatt rühren. Petersilie waschen, je 1 Blatt auf die Filets legen. Wurst daraufspritzen.

4 Gelee grob hacken und auf einer Platte verteilen. Medaillons daraufsetzen. Mit Silbersternchen bestreuen.

ZUBEREITUNGSZEIT ca. 1 Std.
GELIERZEIT mind. 6 Std.
PORTION ca. 180 kcal
18 g E · 9 g F · 2 g KH

Nuss-Obatzda

ZUTATEN

- 60 g getrocknete Tomaten in Öl (Glas)
- 4 EL Walnusskerne
- 375 g reifer Camembert
- 300 g Doppelrahm-Frischkäse
- 2 EL weiche Butter
- 100 ml Milch
- Salz • Pfeffer

Tomaten fein würfeln. Nüsse grob hacken. Camembert klein würfeln. Alles mit Frischkäse, Butter und Milch verrühren, mit Salz und Pfeffer abschmecken.

ZUBEREITUNGSZEIT ca. 15 Min.
PORTION ca. 260 kcal
11 g E · 22 g F · 3 g KH

Käseplatte mit Dips

ZUTATEN FÜR DIE KÄSEPLATTE

- 500 g Weintrauben
- 250 g Parmesan (Stück)
- 250 g Blauschimmel-Käse
- ca. 200 g Tête-de-Moine-Käse
  (z. B. fertige Röschen)
- 2 Camemberts (à 200 g)

FÜR DIE BIRNENSOSSE

- 1 Dose (850 ml) Birnen
- 1 TL eingelegte grüne Pfefferkörner
- 1 Zwiebel
- 1 EL Öl • 2 EL brauner Zucker • Salz
- 3 EL Preiselbeeren
  im eigenen Saft (Glas)

Gut geplant

AM VORTAG
- Nuss-Obatzda machen.
- Soßen für die Käseplatte und Wasabi-Schmand vorbereiten.

MORGENS
- Waldorfsalat mit Pfifferlingen (bis auf die Petersilie) zubereiten.
- Lachs-Pralinés fertigstellen.
- Gelees, Schnitzel, Medaillons und Leberwurstsahne vorbereiten.

CA. 1 STUNDE VORHER
- Schnitzel und Medaillons anrichten, Leberwurst daraufspritzen und garnieren.
- Garnelen-Mango-Spießchen machen.
- Käseplatte mit Trauben anrichten.

FÜR DIE ORANGEN-SENFSOSSE
- ¼ l Orangensaft
- 1 Orange
- 3 EL Orangenmarmelade
- 2 EL Zucker • Salz • Pfeffer
- 2 TL Senfpulver oder Dijon-Senf

FÜR DIE PFLAUMENSOSSE
- 200 g halbweiche Pflaumen
- 4 EL Johannisbeer-Gelee
- 8–10 EL Balsamico-Essig
- Salz • Cayennepfeffer

1 Trauben waschen. Parmesan zerbröckeln. Blauschimmel-Käse in Scheiben schneiden. Alles auf einer Platte oder einem Brett anrichten.

2 **Birnensoße:** Birnen abtropfen lassen, Saft auffangen. Birnen würfeln. Pfeffer zerstoßen. Zwiebel schälen und hacken. Im heißen Öl andünsten. Birnen, Zucker, 8 EL Saft, Pfefferkörner und Salz zugeben, offen 12–15 Minuten köcheln, dabei öfter umrühren. Preiselbeeren unterrühren. Auskühlen lassen.

3 **Orangen-Senfsoße:** Saft, Marmelade, Zucker, Senfpulver, Salz und Pfeffer bei starker Hitze 8–10 Minuten offen sirupartig einköcheln. Orange samt weißer Haut schälen. Filets zwischen den Trennhäuten herauslösen. Kurz mit erhitzen, abschmecken. Auskühlen lassen.

4 **Pflaumensoße:** Pflaumen mit Gelee und Essig pürieren, abschmecken.

ZUBEREITUNGSZEIT ca. 1 ¼ Std.
PORTION ca. 450 kcal
31 g E · 30 g F · 11 g KH

Feine Platzdeko

Eine gestärkte Stoffserviette ziehharmonikaartig falten und in der Mitte zum Fächer zusammenlegen. Mit farbigem Jute-Schleifenband umwickeln. Jeweils das Initial des Gastes (aus Alu oder Karton ausgeschnitten) darauflegen und einen frischen Zweig (z. B. Zimmerefeu) dazustecken. Alles auf die Teller legen und auf farblich passenden Tischsets anrichten.

Zwiebelkuchen mit Speck

ZUTATEN FÜR 12 STÜCKE

- 200 g + etwas Mehl
- 4 Eier (Gr. M)
- 100 g kalte Butter/Margarine
- Salz • Pfeffer • Muskat
- 1 kg Gemüsezwiebeln oder Zwiebeln
- 100 g geräucherter durchwachsener Speck
- 1 EL Öl
- Fett für die Form
- 100 g Appenzeller (Stück)
- 50 g Gouda (Stück)
- 200 g Schmand
- evtl. Majoran zum Garnieren
- Frischhaltefolie

1 200 g Mehl, 1 Ei, Fett in Stückchen, 2 EL eiskaltes Wasser und 1 Prise Salz erst mit den Knethaken des Handrührgerätes, dann kurz mit den Händen zum glatten Teig verarbeiten. In Folie wickeln und ca. 30 Minuten kalt stellen.

2 Zwiebeln schälen und in Ringe schneiden. Speck in dünne Scheiben schneiden. Öl in einer Pfanne erhitzen. Speck darin anbraten. Zwiebeln zufügen und ca. 5 Minuten glasig dünsten. Mit Salz und Pfeffer würzen.

3 Teig auf etwas Mehl rund (30 cm Ø) ausrollen. In eine leicht gefettete Quicheform (28 cm Ø) oder Springform legen, den Rand etwas hochdrücken. Boden mit der Gabel öfter einstechen. Zwiebeln und Speck darauf verteilen.

4 Käse reiben. 3 Eier und Schmand verquirlen. Mit Salz, Pfeffer und Muskat würzen. Die Hälfte Käse unterrühren und über die Zwiebeln gießen. Restlichen Käse darüberstreuen. Im vorgeheizten Backofen (E-Herd: 200 °C/Umluft: 175 °C/Gas: Stufe 3) 30–40 Minuten backen. Quiche anrichten und garnieren. **Getränk:** kühle Saftschorle.

ZUBEREITUNGSZEIT ca. 30 Min.
KÜHLZEIT ca. 30 Min.
BACKZEIT 30–40 Min.
STÜCK ca. 330 kcal
10 g E · 24 g F · 17 g KH

Herzhaft backen für Gäste

Ob traditioneller Zwiebelkuchen oder originelle „Pfannkuchen-Pizza" – pikante Kuchen und Pizzas sind immer ein Hit

Pizzataler „Rustico"

ZUTATEN FÜR CA. 36 STÜCK

- 1 Backmischung mit Hefe (500 g)
  Weizenmischbrot „Bauernkruste"
- Mehl zum Ausrollen
- je 2 Zweige Rosmarin und Thymian
- ½ Bund Schnittlauch
- 3 Tomaten
- 250 g Mozzarella
- grobes Salz
- 2 EL Pesto (Glas)
- 100–125 g Rahm-Frischkäse
- 200 g geräucherter Lachs in Scheiben
- Backpapier

1 340 ml lauwarmes Wasser und Backmischung mit den Knethaken des Handrührgerätes auf höchster Stufe ca. 5 Minuten glatt verkneten. Zugedeckt am warmen Ort ca. 30 Minuten gehen lassen (s. auch Packungsanweisung).

2 Teig auf etwas Mehl durchkneten, zur langen Rolle formen. In ca. 36 Scheiben schneiden und flach drücken. Auf 3 mit Backpapier ausgelegte Backbleche verteilen. Nochmals ca. 15 Minuten gehen lassen.

3 Kräuter waschen und abzupfen bzw. fein schneiden. Tomaten und Käse in Scheiben schneiden. 12 Taler mit Tomate und Käse belegen. Im vorgeheizten Ofen (E-Herd: 225 °C/Umluft: 200 °C/Gas: Stufe 4) 15–20 Minuten backen.

4 12 Taler einschneiden, mit Wasser bestreichen. Übrige Taler mit Salz, Rosmarin und Thymian bestreuen. Alle ebenso backen. Tomaten-Taler mit Pesto beträufeln. Unbelegte Taler mit Frischkäse, Lachs und Schnittlauch belegen. **Getränk:** kühle Weißweinschorle.

ZUBEREITUNGSZEIT ca. 40 Min.
GEHZEIT ca. 45 Min.
BACKZEIT PRO BLECH 15–20 Min.
STÜCK 50–120 kcal
2–5 g E · 0–6 g F · 9–10 g KH

Extra-Tipp

Für die kleinere Runde geht's noch schneller mit 2 Dosen gekühltem Frischteig, z. B. „Mehrkorn-Brötchen". Teig einfach in 16 Stücke teilen, flach drücken und belegen. Dann 15–20 Minuten bei 200 °C backen.

Pizza-Pfannkuchen

ZUTATEN FÜR 3 PERSONEN

- 100 g Mehl • Salz
- 150 ml Milch
- 3 Eier
- 1 Dose (425 ml) Champignonköpfe
- 125–150 g Mozzarella
  (z. B. Mini-Kugeln)
- 3 Scheiben (à ca. 40 g)
  gekochter Schinken
- 3 EL Öl
- 9 EL Tomatensoße mit Basilikum
- ca. 1 TL Pizzagewürz
- evtl. etwas frisches Basilikum

1 Mehl, 1 Prise Salz, Milch und Eier zum glatten Pfannkuchenteig verrühren. Mind. 15 Minuten quellen lassen.

2 Inzwischen Pilze abtropfen lassen und halbieren. Mozzarella evtl. klein schneiden. Schinkenscheiben aufrollen und in Streifen schneiden. 1 EL Öl in einer beschichteten Pfanne erhitzen. Ca. ein Drittel Teig hineingießen und 2–3 Minuten backen.

3 Mit der gebackenen Seite auf einen flachen Deckel gleiten lassen. Umgedreht zurück in die Pfanne geben. 3 EL Tomatensoße daraufstreichen und mit je einem Drittel Champignons, Schinken und Mozzarella belegen. Mit Pizzagewürz bestreuen.

4 Deckel auf die Pfanne legen und Käse ca. 3 Minuten schmelzen lassen. Herausnehmen und warm stellen. Auf diese Art 2 weitere Pfannkuchen backen. Basilikum waschen und fein schneiden. Pfannkuchen in Dreiecke schneiden, mit Basilikum bestreuen.
Getränk: kühle Saftschorle.

ZUBEREITUNGSZEIT ca. 1 Std.
PORTION ca. 370 kcal

Fußball-Pizza

ZUTATEN FÜR CA. 8 STÜCKE

- 1 Packung (750 g) TK-Rahmspinat
- 1 Packung (400 g) frischer
  Blech-Pizzateig (Kühlregal)
- 125 g Mozzarella
- 4 EL + etwas Tomatenketchup
- 50–75 g Salami in dünnen Scheiben
- je 1 kleine gelbe und rote Paprikaschote
- je 11 Cocktailwürstchen und
  Mini-Cabanossi oder -Salami
- etwas Mayonnaise
- Papier-Länderfähnchen zum Garnieren

1 Spinat unaufgetaut in einem Topf zugedeckt bei mittlerer Hitze ca. 12 Minuten erwärmen, öfter umrühren.

2 Pizzateig aus der Packung nehmen und samt Backpapier auf einem Backblech (ca. 35 x 40 cm) entrollen und ca. 10 Minuten ruhen lassen. Vom Mozzarella zuerst eine runde Kuppe für den „Fußball" abschneiden, dann übrigen Käse erst in Scheiben und dann in Streifen schneiden.

3 4 EL Ketchup auf den Pizzateig streichen. Salamischeiben und dann den

Spinat darauf verteilen. Pizza im vorgeheizten Backofen (E-Herd: 225 °C/Umluft: 200 °C/Gas: Stufe 4) auf der 2. Schiene von unten ca. 10 Minuten backen.

4 Paprika putzen und waschen. Daraus „gelbe" und „rote Karten" und je 1 Würfel für die Torwartkappen ausschneiden.

5 Pizza herausnehmen und die Käsestreifen als „Spielfeldlinien" darauflegen. Die Würstchen als „Spieler" hineinstecken. Evtl. die Pizza bei gleicher Temperatur ca. 3 Minuten weiterbacken. Die Mozzarella-Kuppe aufs Spielfeld setzen und alles mit Ketchup, Mayo, Paprikawürfeln und Fähnchen verzieren. Die „gelben" und „roten Karten" dazulegen.
Getränk: kühler Apfelsaft oder Bier.

ZUBEREITUNGSZEIT ca. 50 Min.
BACKZEIT 10–13 Min.
STÜCK ca. 280 kcal
14 g E · 13 g F · 26 g KH

Broccoli-Quiche mit Lachs

ZUTATEN FÜR CA. 12 STÜCKE

- 200 g + etwas Mehl
- Salz • Pfeffer • Muskat
- 6 Eier (Gr. M)
- 125 g kalte + etwas Butter
- 500 g Broccoli
- 200 ml Milch
- 100 g geriebener Gouda
- 100 g geräucherter Lachs in Scheiben
- 100 g Crème fraîche
- grober Pfeffer zum Bestreuen

1 200 g Mehl, 1 Prise Salz, 1 Ei und 125 g Butter in Flöckchen erst mit den Knethaken des Handrührgerätes, dann mit den Händen kurz zum glatten Teig verkneten. Zugedeckt ca. 30 Minuten kühlen.

2 Broccoli putzen, waschen, in Röschen teilen. In wenig Salzwasser zugedeckt ca. 5 Minuten garen. Abtropfen lassen.

3 Milch und 5 Eier verquirlen. Mit Salz, Pfeffer und Muskat würzen. Eine rechteckige Tarteform mit heraushebbarem Boden (ca. 20 x 28 cm) oder Springform (26 cm Ø) fetten. Teig auf etwas Mehl zum Rechteck (ca. 23 x 31 cm) bzw. Kreis (32 cm Ø) ausrollen. In die Form legen und am Rand hochdrücken.

4 Broccoli und Hälfte Käse auf dem Boden verteilen. Eiermilch darübergießen. Rest Käse daraufstreuen. Im vorgeheizten Backofen (E-Herd: 200 °C/Umluft: 175 °C/Gas: Stufe 3) ca. 45 Minuten backen. Evtl. zum Schluss abdecken.

5 Quiche herausnehmen und etwas abkühlen lassen. In Stücke schneiden und mit Lachs und Crème fraîche garnieren. Mit grobem Pfeffer bestreuen. Schmeckt warm und kalt.
Getränk: kühle Saftschorle.

ZUBEREITUNGSZEIT ca. 40 Min.
KÜHL-/ABKÜHLZEIT ca. 40 Min.
BACKZEIT ca. 45 Min.
STÜCK ca. 280 kcal
12 g E · 19 g F · 14 g KH

Mürbeteig …
mag es gern kalt. Fett und Ei sollten daher direkt aus dem Kühlschrank kommen. Nur kurz mit kühlen Händen (evtl. vorher kalt abspülen) verkneten. Das Ausrollen klappt prima zwischen 2 Lagen Frischhaltefolie.

Gefüllte Pizza „prosciutto e funghi"

ZUTATEN FÜR 6–8 STÜCKE

- 500 g + etwas Mehl
- 2 Päckchen (à 7 g) Trockenhefe
- Salz • Pfeffer
- 9–11 EL Olivenöl
- 1 große Gemüsezwiebel
- 1 Knoblauchzehe
- 1 Dose (425 ml) Pizza-Tomaten
- 2 TL Pizzagewürz oder Oregano
- 500 g Champignons
- 200 g gekochter Schinken in Scheiben
- 250 g Mozzarella
- 1 Tomate
- 2–3 Stiele frischer oder
  etwas getrockneter Oregano
- 1 kleiner Zweig Rosmarin
- Backpapier

1 500 g Mehl, Hefe und ½ TL Salz mischen. 6–8 EL Öl und ¼ l lauwarmes Wasser zufügen und zu einem glatten Teig verkneten. Zugedeckt an einem warmen Ort 50–60 Minuten gehen lassen.

2 Zwiebel und Knoblauch schälen, würfeln. Knoblauch und 1 EL Zwiebelwürfel in 1 EL heißem Öl andünsten. Pizza-Tomaten zufügen. Mit Salz, Pfeffer und 1 TL Pizzagewürz würzen. Aufkochen und offen ca. 10 Minuten kochen. Abkühlen.

3 Pilze putzen, waschen und in Scheiben schneiden. Rest Zwiebelwürfel in 1 EL heißem Öl andünsten. Pilze mit anbraten. Mit Salz, Pfeffer und 1 TL Pizzagewürz würzen. Etwas abkühlen lassen.

4 Schinken in Streifen schneiden. ¼ Käse in Scheiben schneiden. Rest würfeln und mit Schinken unter die Pilze heben.

5 Teig nochmals durchkneten. Hälfte auf einem mit Backpapier ausgelegten Blech oval (ca. 30 x 38 cm) ausrollen. Mit Tomatensoße bestreichen, dabei rundum Rand frei lassen. Pilz-Füllung darauf verteilen. Teigränder mit Wasser anfeuchten. Rest Teig auf etwas Mehl ebenso ausrollen, über die Füllung legen, Ränder andrücken. Ca. 10 Minuten gehen lassen.

6 Tomate waschen und in Scheiben schneiden. Kräuter waschen und abzupfen. Beides mit Käsescheiben auf der Pizza verteilen. 1 EL Öl darüberträufeln. Im vorgeheizten Backofen (E-Herd: 200 °C/Umluft: 175 °C/Gas: Stufe 3) ca. 35 Minuten backen.
Getränk: trockener Rotwein.

ZUBEREITUNGSZEIT ca. 50 Min.
GEHZEIT ca. 60–70 Min.
BACKZEIT ca. 35 Min.
STÜCK ca. 460 kcal
22 g E · 18 g F · 50 g KH

Schneller Hack-Strudel

ZUTATEN FÜR CA. 6 STÜCKE

- ½ Packung (125 g; 5 Blätter) Strudelteig (Kühlregal)
- 1 Brötchen (vom Vortag)
- 2 Zwiebeln
- 800 g gemischtes Hack
- 1 EL Öl
- 2 EL Tomatenmark
- 1 TL Brühe
- Salz • Pfeffer • Edelsüß-Paprika
- 3 EL + etwas Butter
- 1 Eigelb
- 1 EL Milch
- 2 Tomaten
- 125 g Mozzarella
- evtl. Basilikum zum Garnieren

1 Teig (in der Packung) bei Raumtemperatur ca. 10 Minuten ruhen lassen. Brötchen einweichen. Zwiebeln schälen und fein würfeln.

2 Hack im heißen Öl krümelig braten. Zwiebeln kurz mitbraten. Brötchen ausdrücken, klein zupfen und zufügen. Tomatenmark, gut ¼ l Wasser und Brühe einrühren. Würzen und offen ca. 8 Minuten schmoren.

3 3 EL Butter schmelzen. Flache rechteckige Auflaufform (ca. 20 x 30 cm) fetten. Teigblätter einzeln hineinlegen, dabei jedes dünn mit Butter bestreichen. Hack einfüllen. Eigelb und Milch verquirlen, Teigränder bestreichen. Im vorgeheizten Backofen (E-Herd: 200 °C/Umluft: 175 °C/Gas: Stufe 3) ca. 25 Minuten goldbraun backen.

4 Tomaten waschen. Tomaten und Käse in Scheiben schneiden. Nach ca. 15 Minuten auf das Hack legen. Mit Edelsüß-Paprika bestäuben und mit Basilikumblättchen garnieren.
Getränk: kühles Bier.

ZUBEREITUNGSZEIT ca. 30 Min.
BACKZEIT ca. 25 Min.
STÜCK ca. 610 kcal
35 g E · 41 g F · 20 g KH

Extra-Tipp
So sieht's besonders dekorativ aus: Die überstehenden Strudelteig-Ränder rundherum etwas kürzer, aber nicht ganz abschneiden. Evtl. mit verquirltem Eigelb bestreichen.

Familien-Pizza „Chili con Carne"

ZUTATEN FÜR 8 STÜCKE

- 1 Chilischote (z. B. rote)
  oder ½ TL Cayennepfeffer
- 3 mittelgroße Zwiebeln
- 1 Knoblauchzehe
- 250 g gemischtes Hack
- 1–2 EL Öl
- Salz • Pfeffer • Zucker
- 1 EL + etwas Mehl
- 1 Packung (500 g) stückige Tomaten
- je 1 Dose (à 425 ml) Kidney-Bohnen
  und Maiskörner
- 150 g Kirschtomaten oder
  kleine Tomaten
- 1 Packung (460 g; für ¼ l Wasser)
  „Pizza-Teig"
- 75–100 g Gouda (Stück)
- 150 g Crème fraîche
- evtl. Oregano zum Garnieren

1 Chili einritzen, entkernen, waschen und in Ringe schneiden. 1 Zwiebel und Knoblauch schälen, fein würfeln. Hack im heißen Öl krümelig anbraten. Chili, Zwiebel und Knoblauch kurz mitbraten. Mit Salz und Pfeffer würzen. Mit 1 EL Mehl bestäuben, kurz anschwitzen. Stückige Tomaten einrühren, aufkochen und 5–10 Minuten köcheln. Abschmecken.

2 Bohnen abspülen. Bohnen und Mais abtropfen lassen. Beides zum Hack geben. Tomaten waschen und halbieren. Übrige Zwiebeln schälen und in Ringe schneiden.

3 Inhalt beider Pizzateig-Beutel mit ¼ l lauwarmem Wasser zum glatten Teig verkneten. Auf einem bemehlten Backblech (ca. 35 x 40 cm) ausrollen. Chili con Carne daraufstreichen. Tomaten und Zwiebeln daraufgeben. Käse raspeln und mit Crème fraîche darauf verteilen.

4 Im vorgeheizten Backofen (E-Herd: 200 °C/Umluft: 175 °C/Gas: Stufe 3) ca. 25 Minuten backen. In Stücke schneiden, anrichten und garnieren.
Getränk: kühles Bier oder Saft.

ZUBEREITUNGSZEIT ca. 25 Min.
BACKZEIT ca. 25 Min.
STÜCK ca. 510 kcal
20 g E · 23 g F · 52 g KH

Blumenkohl-Zwiebel-Quiche

ZUTATEN FÜR 4 STÜCKE

- ½ Würfel (ca. 20 g) frische Hefe
- 250 g + etwas Mehl
- Salz • Pfeffer
- 3–5 EL Öl
- 1 kleiner Blumenkohl
- 2–3 Möhren
- 1 Bund Lauchzwiebeln
- Fett für die Form
- ½ Töpfchen Kerbel
- 75–100 g Gouda (Stück)
- 3 Eier
- 150 ml Milch
- 3 EL Mandelblättchen
- Alufolie

1 Hefe in gut ⅛ l lauwarmes Wasser bröckeln und auflösen. Mit 250 g Mehl, ¼ TL Salz und Öl glatt verkneten. Zugedeckt an einem warmen Ort ca. 45 Minuten gehen lassen.

2 Gemüse putzen bzw. schälen und waschen. Kohl in kleine Röschen teilen. Möhren und Lauchzwiebeln klein schneiden. Kohl und Möhren in wenig kochendem Salzwasser 5–6 Minuten dünsten. Abtropfen lassen.

3 Eckige Form (25 x 30 cm) oder ½ Fettpfanne fetten. Rand der Fettpfanne mit gefalteter Alufolie begrenzen. Teig auf Mehl ausrollen. Form bzw. Fettpfanne damit auslegen. Gemüse darauf verteilen. Ca. 15 Minuten gehen lassen.

4 Kerbel waschen und hacken. Käse reiben. Beides mit Eiern und Milch verrühren. Würzen und über das Gemüse gießen. Mit Mandeln bestreuen. Im vorgeheizten Backofen (E-Herd: 200 °C/Umluft: 175 °C/Gas: Stufe 3) ca. 40 Minuten goldbraun backen.

Getränk: kühles Bier oder Saft.

ZUBEREITUNGSZEIT ca. 20 Min.
GEHZEIT ca. 1 Std.
BACKZEIT ca. 40 Min.
STÜCK ca. 540 kcal
25 g E · 24 g F · 53 g KH

Rosenkohl-Käse-Quiche

ZUTATEN FÜR CA. 8 STÜCKE

- 1 kg Rosenkohl
- Salz • Pfeffer • Muskat
- 75 g Emmentaler oder Gouda (Stück)
- 4 Eier (Gr. M)
- 200 ml Milch
- Fett für die Form
- 1 Packung (230 g) runder Blätterteig
  (32 cm Ø; Kühlregal)
- 2 EL Paniermehl
- 2 EL Pinienkerne

1 Rosenkohl putzen und waschen. In wenig kochendem Salzwasser zugedeckt ca. 15 Minuten dünsten. Gut abtropfen lassen.

2 Käse raspeln. Eier und Milch verquirlen. Mit Salz, Pfeffer und Muskat kräftig würzen. Käse unterrühren.

3 Tarteform mit heraushebbarem Boden oder Springform (26 cm Ø) fetten. Blätterteig in die Form legen, am Rand 3–4 cm hochdrücken. Den Boden gleichmäßig mit Paniermehl bestreuen.

4 Rosenkohl in die Form füllen. Eiermilch darübergießen. Mit Pinienkernen bestreuen. Im vorgeheizten Backofen (E-Herd: 200 °C/Umluft: 175 °C/Gas: Stufe 3) 40–45 Minuten backen (evtl. nach ca. 30 Minuten abdecken).
Getränk: kühles Bier.

ZUBEREITUNGSZEIT ca. 30 Min.
BACKZEIT 40–45 Min.
STÜCK ca. 290 kcal
14 g E · 16 g F · 20 g KH

Blätterteig …

kann man zwar ausrollen, aber Reste nicht verkneten. Er verliert dann seine Struktur und blättert beim Backen nicht mehr auf.

Zweierlei Pizzafladen

ZUTATEN FÜR 4 STÜCK

- 250 g + etwas dunkles Weizenmehl (Type 1050)
- Salz • Pfeffer • Muskat
- 2 EL + 2 TL Olivenöl
- ½ Würfel (ca. 20 g) frische Hefe
- 2 kleine Zwiebeln
- ½ TL getrocknete italienische Kräuter
- 375 g passierte Tomaten
- 300 g Blattspinat
- 100 g kleine Champignons
- 1 Scheibe (ca. 40 g) gekochter Schinken
- 1 Dose (115 g) Thunfisch naturell
- 75 g geriebener Pizzakäse
- Backpapier

1 250 g Mehl, ½ TL Salz und 2 EL Öl in eine Schüssel geben. Hefe zerbröckeln, in gut ⅛ l lauwarmem Wasser auflösen und zugießen. Erst mit den Knethaken des Handrührgerätes, dann mit den Händen glatt verkneten. Zugedeckt an einem warmen Ort ca. 45 Minuten gehen lassen.

2 1 Zwiebel schälen, hacken. Mit Kräutern in 1 TL heißem Öl andünsten. Tomaten zugeben, ca. 10 Minuten köcheln. Mit Salz und Pfeffer würzen.

3 Spinat putzen und waschen. In 1 TL heißem Öl zusammenfallen lassen. Mit Salz, Pfeffer und Muskat würzen. Abtropfen lassen. Pilze putzen, waschen und in Scheiben schneiden. Schinken in Streifen schneiden. Thunfisch abtropfen lassen und kleiner zupfen. 1 Zwiebel schälen und in feine Ringe schneiden.

4 Teig nochmals durchkneten, in 4 Stücke teilen. Je auf etwas Mehl zum ovalen Fladen ausrollen. Auf ein mit Backpapier belegtes Blech legen. Mit Soße bestreichen und mit Spinat belegen. 2 mit Schinken und Pilzen, 2 mit Thunfisch und Zwiebeln belegen. Alle mit Käse bestreuen. Nochmals ca. 15 Minuten gehen lassen.

5 Im vorgeheizten Backofen (E-Herd: 200 °C/Umluft: 175 °C/Gas: Stufe 3) 15–20 Minuten goldbraun backen.
Getränk: kühles Mineralwasser.

ZUBEREITUNGSZEIT ca. 45 Min.
GEHZEIT ca. 1 Std.
BACKZEIT 15–20 Min.
STÜCK ca. 410 kcal
22 g E · 13 g F · 48 g KH

Italienische Nudel-Party

Zwei köstliche Pastagerichte, ein leckeres Dessert und vielleicht noch etwas Käse – was brauchen Genießer mehr?

Tortellini-Auflauf mit Gorgonzola

Bucatini all' amatriciana

Alles reicht für 8-10 Personen

Tortellini-Auflauf mit Gorgonzola

ZUTATEN

- 500 g Tomaten
- 3 mittelgroße Möhren
- 3 Zwiebeln
- 2–3 Knoblauchzehen
- 750 g gemischtes Hack
- 2–3 EL Öl • Salz • Pfeffer
- 1 EL getrockneter Oregano
- 2 gehäufte EL Mehl
- ¼ l trockener Weißwein
- 300 g Schlagsahne
- 3 TL Gemüsebrühe
- 1,2–1,5 kg frische Tortellini (Kühlregal)
- 75 g Parmesan (Stück)
- 150 g Gorgonzola
- Fett für die Form
- 250 g Mozzarella
- evtl. Oregano zum Garnieren

1 Tomaten waschen. Möhren schälen und waschen. Zwiebeln und Knoblauch schälen. Alles fein würfeln.

2 Hack im heißen Öl kräftig krümelig anbraten. Zwiebeln und Knoblauch kurz mitbraten. Mit Salz, Pfeffer und Oregano würzen. Mit Mehl bestäuben und anschwitzen. Wein, Sahne, ¾ l Wasser und Brühe einrühren, aufkochen. Tomaten und Möhren untermischen und ca. 5 Minuten köcheln. Ab und zu umrühren.

3 Tortellini in kochendem Salzwasser ca. 4 Minuten (s. Packungsanweisung) bissfest garen. Abtropfen lassen.

4 Parmesan reiben. Gorgonzola würfeln, unter Rühren in der Hacksoße schmelzen. Mit Salz und Pfeffer abschmecken. Tortellini und Soße in eine große gefettete Auflaufform schichten, dabei mit Soße abschließen. Mozzarella würfeln. Auflauf erst mit Parmesan, dann mit Mozzarella bestreuen.

5 Im vorgeheizten Backofen (E-Herd: 200 °C/Umluft: 175 °C/Gas: Stufe 3) 30–40 Minuten backen. Garnieren.

ZUBEREITUNGSZEIT ca. 1 ½ Std.
PORTION ca. 770 kcal
38 g E · 42 g F · 50 g KH

Einkaufs-Tipp

Wer keine frischen Tortellini bekommt, nimmt für den Auflauf 400–500 g getrocknete. Bei der Garzeit bitte nach der Packungsanweisung richten.

Bucatini all' amatriciana

ZUTATEN

- 2 Dosen (à 850 ml) Tomaten
- 2 mittelgroße Zwiebeln
- 200 g geräucherter durchwachsener Speck
- 3–4 Stiele Salbei
- 3–4 EL Olivenöl
- ½–1 TL geschroteter Chili
- 1 TL klare Brühe
- Salz • Pfeffer • Zucker
- 750 g Bucatini (dünne Makkaroni; ersatzw. Spaghetti)
- 100 g Pecorino oder Parmesan (Stück)

Panna cotta mit Campari-Beeren

Panna cotta mit Campari-Beeren

ZUTATEN

- 9 Blatt weiße Gelatine
- 1,5 kg Schlagsahne
- 2 Päckchen Bourbon-Vanillezucker
- 150–175 g Zucker
- 225 g Johannisbeer-Gelee
- 4–6 EL Campari
- 500–600 g Erdbeeren
- evtl. etwas Bio-Zitronenschale und Melisse zum Verzieren

1 Gelatine kalt einweichen. Sahne, Vanillezucker und Zucker aufkochen. 15–20 Minuten köcheln. Topf vom Herd nehmen und Sahne etwas abkühlen lassen. Gelatine ausdrücken und in der heißen Sahne auflösen.

1 Tomaten abtropfen lassen, Saft dabei auffangen. Zwiebeln schälen. Zwiebeln und Speck fein würfeln. Salbei waschen, Blättchen abzupfen. Evtl. kleiner schneiden. Tomaten klein schneiden.

2 Speck im heißen Öl knusprig braten. Zwiebeln, Chili und Salbei kurz andünsten. Tomaten samt Saft, ¼ l Wasser und Brühe zufügen. Aufkochen und alles unter gelegentlichem Rühren ca. 10 Minuten köcheln. Mit Salz, Pfeffer und Zucker abschmecken.

3 Nudeln in reichlich kochendem Salzwasser ca. 8 Minuten garen. Käse reiben. Nudeln abtropfen lassen, mit der Hälfte Käse und mit der Soße mischen. Mit restlichem Käse bestreuen.

ZUBEREITUNGSZEIT ca. 40 Min.
PORTION ca. 490 kcal
16 g E · 20 g F · 59 g KH

2 8–10 Timbale-Förmchen (ersatzw. Tassen oder andere Förmchen; ca. 150 ml Inhalt) kalt ausspülen. Die Sahnemasse einfüllen und abkühlen lassen. Über Nacht kalt stellen.

3 Johannisbeer-Gelee und evtl. 3 EL Wasser erhitzen, sodass es flüssig wird. Campari einrühren.

4 Erdbeeren waschen, putzen und klein schneiden. Camparisoße darübergießen und etwas ziehen lassen. Förmchen bis zum Rand kurz in heißes Wasser tauchen. Panna cotta am Rand lösen, stürzen und mit Campari-Beeren anrichten. Mit Melisse und Zitronenschale verzieren.

ZUBEREITUNGSZEIT ca. 1 Std.
ABKÜHL-/GELIERZEIT mind. 12 Std.
PORTION ca. 640 kcal
5 g E · 48 g F · 40 g KH

Mexiko-Salat
mit Bacon

Gemüse-Käse-
Päckchen

Dreierlei
Ciabatta-
Sandwiches

Hähnchenkeulen in
Honig-Chili-Marinade

68

Sommer, Sonne, Grillspaß!

Bei diesem Gartenfest gibt's Leckeres mit und ohne Fleisch – da sind garantiert alle super aufgelegt! Versprochen!

Tomaten-Wurst-Spieße

Würzige Maiskolben

Marinierte Nackensteaks

Marinierte Nackensteaks

ZUTATEN
- 8 Schweinenacken-Steaks (ca. 1,2 kg)
- 3 Knoblauchzehen
- 1–2 Zweige Rosmarin
- 2 EL Olivenöl
- Pfeffer
- 5 EL Teriyaki-Marinade

1 Steaks waschen und trocken tupfen. Knoblauch schälen und fein würfeln. Rosmarin waschen, Nadeln abstreifen. Beides mit Öl, Pfeffer und Teriyaki-Marinade verrühren. Auf den Steaks verteilen und mind. 3 Stunden oder über Nacht im Kühlschrank marinieren.

2 Steaks aus der Marinade nehmen und etwas trocken tupfen. 10–12 Minuten grillen, dabei öfter wenden.

ZUBEREITUNGSZEIT ca. 25 Min.
MARINIERZEIT mind. 3 Std.
PORTION ca. 320 kcal
27 g E · 23 g F · 0 g KH

Würzige Maiskolben

ZUTATEN
- 1 Dose (4 Stück) Maiskolben
- Salz · Pfeffer
- 100 g Kräuterbutter

Mais trocken tupfen und in je 4 Stücke schneiden. 8–10 Minuten grillen, öfter wenden. Mit Salz und Pfeffer würzen und mit Kräuterbutter bestreichen.

ZUBEREITUNGSZEIT ca. 20 Min.
PORTION ca. 130 kcal
2 g E · 7 g F · 15 g KH

Hähnchenkeulen in Honig-Chili-Marinade

ZUTATEN
- 1 rote Chilischote
- 1 Bio-Zitrone
- 2 EL flüssiger Honig
- 3–4 EL Öl
- 16 Hähnchenunterkeulen
- Salz

1 Chili längs einritzen, entkernen, waschen und fein hacken. Zitrone waschen, die Schale fein abreiben. Zitrone auspressen. Honig, Öl, Chili, Zitronensaft und -schale verrühren.

2 Hähnchenkeulen waschen und trocken tupfen. Mit der Marinade bestrei-

chen. Mind. 2 Stunden oder über Nacht marinieren.

3 Die Keulen etwas abtupfen. 15–20 Minuten grillen, zwischendurch öfter wenden. Mit Salz würzen.

ZUBEREITUNGSZEIT ca. 35 Min.
MARINIERZEIT mind. 2 Std.
PORTION ca. 180 kcal
21 g E · 7 g F · 2 g KH

Tomaten-Wurst-Spieße

ZUTATEN FÜR 8 SPIESSE
- 300 g Kirschtomaten
- 1 Bund Lauchzwiebeln
- 12 kleine Nürnberger Rostbratwürstchen
- 8 große Metallspieße

1 Tomaten waschen. Lauchzwiebeln putzen, waschen, in Stücke (4–5 cm) schneiden. Würstchen halbieren.

2 Alles abwechselnd auf die Spieße stecken. 5–8 Minuten grillen, dabei ab und zu wenden.

ZUBEREITUNGSZEIT ca. 20 Min.
SPIESS ca. 150 kcal
8 g E · 11 g F · 4 g KH

Gemüse-Käse-Päckchen

ZUTATEN
- 4 kleine Zucchini
- 500 g Tomaten
- je 200 g Mozzarella und Fetakäse
- 3 EL Öl
- Salz · Pfeffer
- Alufolie

1 Zucchini und Tomaten putzen, waschen. Zucchini halbieren und fächerartig einschneiden. Tomaten und Käse in Scheiben schneiden.

2 Aus Alufolie 16 Schälchen formen. Gemüse und Käse hineingeben. Mit Öl beträufeln. 10 Minuten grillen. Würzen.

ZUBEREITUNGSZEIT ca. 35 Min.
PORTION ca. 170 kcal
10 g E · 13 g F · 3 g KH

Alles reicht für 8 Personen

Mexiko-Salat mit Bacon

ZUTATEN
- 150 g Bacon (Frühstücksspeck) oder geräucherter durchwachsener Speck
- 1 Dose (425 ml) Maiskörner
- 2 Dosen (à 425 ml) weiße Bohnen
- 2 Paprikaschoten (z. B. rot)
- 4 Tomaten
- 2 Mini-Römersalate
- 7–8 EL Weißwein-Essig
- 100 ml Tomatensaft
- Salz · Pfeffer · Zucker
- 5–6 EL Öl
- 1 Bund Petersilie

1 Speck in Streifen schneiden. In einer Pfanne ohne Fett knusprig braten. Abkühlen lassen. Mais und Bohnen abspülen, abtropfen lassen. Paprika, Tomaten und Salate putzen, waschen und klein schneiden.

2 Essig, Tomatensaft, Salz, Pfeffer und Zucker verrühren. Öl kräftig darunterschlagen. Mit Gemüse und Salat mischen. Petersilie waschen, hacken und mit dem Speck darüberstreuen.

ZUBEREITUNGSZEIT ca. 25 Min.
PORTION ca. 280 kcal
7 g E · 19 g F · 18 g KH

Sommer-Drink Mojito

Für 1 Glas: **2 Stiele Minze** mit **1–2 EL braunem Rohrzucker** in ein weites Glas geben, etwas zerdrücken. **3–4 Eiswürfel, 6 EL weißen Rum** und **3 EL Limettensaft** zugeben. Mit **gekühltem Mineralwasser** auffüllen und mit **Trinkhalm** servieren.

Kokos-Sahnepudding mit Kirschen

ZUTATEN

- 600 ml Milch
- 2 Päckchen Puddingpulver „Sahne"
  oder „Vanille" (zum Kochen;
  für je ½ l Milch)
- 5–6 EL Zucker
- 1 Päckchen Bourbon-Vanillezucker
- 1 Dose (400 ml) Kokosmilch
  (z. B. ungesüßte)
- 50 g Kokosraspel
- 1 Glas (720 ml) Kirschen
- 2 EL Speisestärke
- evtl. kleine Baisertuffs zum Verzieren

1 Ca. 100 ml Milch, Puddingpulver, 3–4 EL Zucker und Vanillezucker glatt rühren. Restliche Milch und Kokosmilch aufkochen. Puddingpulver einrühren und unter Rühren ca. 1 Minute köcheln. Kokosraspel unterheben. In eine Schale füllen. Abkühlen lassen und mind. 6 Stunden kalt stellen.

2 Kirschen abtropfen lassen, Saft dabei auffangen. Saft und 2 EL Zucker aufkochen. Stärke und ca. 100 ml Wasser glatt rühren. Saft damit binden. Kirschen darunterheben. Auskühlen lassen.

3 Kirschen auf dem Kokos-Pudding anrichten. Mit Baisertuffs verzieren.

ZUBEREITUNGSZEIT ca. 20 Min.
KÜHL-/AUSKÜHLZEIT ca. 7 Std.
PORTION ca. 270 kcal
4 g E · 14 g F · 31 g KH

Gut geplant

AM VORTAG

- Nackensteaks und Keulen marinieren.
- Dessert zubereiten.
- Sandwich-Aufstriche vorbereiten.

1–2 STUNDEN VORHER

- Tomaten-Wurst-Spieße und Gemüse-Käse-Päckchen vorbereiten.

KURZ VORHER

- Mexiko-Salat zubereiten.
- Sandwiches belegen.

Dreierlei Ciabatta-Sandwiches

ZUTATEN

- 1 Dose (425 ml) Kichererbsen
- 1 Zwiebel
- 1 EL + ⅛ l Olivenöl
- 1 TL Gemüsebrühe
- Salz • evtl. gemahlener Kreuzkümmel
- 2 EL Pinienkerne
- 2 Knoblauchzehen
- 1–2 Bund/Töpfchen Basilikum
- 2 EL geriebener Parmesan
- 4 geröstete Paprikaschoten (Glas)
- 1 Ciabatta (300 g)
- 150 g Ajvar (milde Paprikazubereitung; Glas)

1 Kichererbsen abtropfen lassen. Zwiebel schälen und hacken. Beides in 1 EL heißem Öl andünsten. 100 ml Wasser und Brühe zugeben, aufkochen und pürieren. Mit Salz und Kreuzkümmel würzen.

2 Pinienkerne ohne Fett rösten. Knoblauch schälen und grob hacken. Basilikum waschen und abzupfen. Alles mit Parmesan und ⅛ l Öl pürieren. Pesto mit Salz abschmecken.

3 Paprika abtropfen lassen, in Streifen schneiden. Brot in 24 Scheiben schneiden. Je 8 Scheiben mit Kichererbsenpüree, Pesto oder Ajvar bestreichen. Ajvarbrote mit Paprika belegen. Die Brote quer halbieren, zusammenklappen. Auf dem heißen Grill pro Seite 3–4 Minuten rösten. Restliche Aufstriche dazureichen.

ZUBEREITUNGSZEIT ca. 50 Min.
PORTION ca. 340 kcal
6 g E · 22 g F · 28 g KH

Gratinierter Hummer

ZUTATEN FÜR 4 PERSONEN

- 2 TK-Atlantik-Hummer
  (à 400 g; gekocht)
- 2 Zwiebeln • 250 g Champignons
- 3 EL Butter
- Salz • Pfeffer • 1 EL Mehl
- 200 g Schlagsahne
- ca. ½ TL Gemüsebrühe
- ca. ½ Bund Dill
- 3 EL geriebener Cheddar
- 1–2 EL Paniermehl

1 Hummer aus der Packung nehmen, im Kühlschrank ca. 10 Stunden, z. B. über Nacht, auftauen lassen.

2 Zwiebeln schälen und hacken. Pilze putzen, waschen und in dünne Scheiben schneiden. Beides in 1 EL heißer Butter andünsten, würzen. Mehl darüberstäuben und kurz anschwitzen. 200 ml Wasser, Sahne und Brühe einrühren. Aufkochen und ca. 5 Minuten köcheln. Dill waschen, fein schneiden und darunterrühren. Abschmecken.

3 Scheren und Köpfe abtrennen. Hummer längs halbieren, Fleisch aus den Schalen und Scheren lösen. Schalen der Schwänze ausspülen, trocken tupfen, in eine Gratinform legen. Etwas Soße in die Schalen geben, Schwanzstücke und Scherenfleisch hineinlegen. Rest Soße und Käse darüber verteilen.

4 Paniermehl in 2 EL heißer Butter goldgelb rösten und auf die Hummer verteilen. Im vorgeheizten Backofen (E-Herd: 200 °C/Umluft: 175 °C/Gas: Stufe 3) 8–10 Minuten backen. Dann ca. 5 Minuten unter dem zugeschalteten Grill gratinieren. Dazu passt Weißbrot. **Getränk:** kühler Weißwein.

ZUBEREITUNGSZEIT ca. 50 Min.
AUFTAUZEIT ca. 10 Std.
PORTION ca. 360 kcal
16 g E · 28 g F · 9 g KH

Drei Sterne wert!

Selbst anspruchsvolle Gaumen kommen hier auf ihre Kosten.
Und das Tollste: Alles ist ganz einfach zuzubereiten

Feine Fischplatte

ZUTATEN FÜR 4–6 PERSONEN

- 1 Dose (200 g) Thunfisch
- 1–2 Knoblauchzehen
- 75 g Joghurt-Salatcreme
- 2 TL Kapern (Glas)
- Salz • Pfeffer • 2–3 Cornichons
- 3 Stiele Petersilie
- evtl. einige Salatblätter
- 24 runde oder eckige Cracker
- 4 Scheiben geräucherter Lachs
- 150 g Doppelrahm-Frischkäse
- 2–3 TL Meerrettich (Glas)
- 1–2 EL Forellenkaviar
- evtl. Bio-Limette und Dill • 2 Eier
- 2 dünne Scheiben Frühstücksspeck
  (Bacon) • 2–3 Kirschtomaten
- 2 Dosen (à 200 g) Heringsfilets
  „Tomate-Barbecue"
- ca. 16 Pumpernickel-Taler
- Petersilie • Frischhaltefolie

1 Thunfisch-Cracker: Thunfisch abtropfen lassen. Knoblauch schälen, hacken. Beides mit Salatcreme und 1 TL Kapern pürieren, abschmecken. Gurken in Scheiben schneiden. Petersilie waschen, hacken. Salatblätter waschen, trocken tupfen. 12 Cracker mit Salat belegen. Creme daraufspritzen. Mit Rest Kapern, Petersilie und Gurke garnieren.

2 Lachs-Taler: Lachs überlappend auf Frischhaltefolie zum Rechteck legen. Käse und Meerrettich verrühren, daraufstreichen. Mithilfe der Folie längs aufrollen. Zugedeckt ca. 1 Stunde anfrieren. In 12 Scheiben schneiden und auf je 1 Cracker legen. Mit Kaviar, Limette und Dill garnieren.

3 Herings-Häppchen: Eier hart kochen, abschrecken, schälen und auskühlen lassen. Speck in Streifen schneiden und knusprig braten. Tomaten waschen und in Scheiben schneiden. Hering in 16 Stücke teilen. Eier in 16 Scheiben schneiden. Pumpernickel-Taler mit den Zutaten belegen. Mit Petersilie garnieren.
Getränk: kühler Weißwein.

ZUBEREITUNGSZEIT ca. 50 Min.
EINFRIERZEIT ca. 1 Std.
AUSKÜHLZEIT ca. 30 Min.
PORTION ca. 430 kcal
22 g E · 30 g F · 15 g KH

Hirschrücken mit Butterwirsing

ZUTATEN FÜR 4 PERSONEN

- 2 mittelgroße Zwiebeln
- 1 kleiner Wirsing (ca. 800 g)
- 750 g ausgelöster Hirschrücken
  (evtl. vorbestellen)
- Salz • Pfeffer • Muskat
- 1 kleiner Zweig Rosmarin
- 4–5 Wacholderbeeren
- 2 EL Butterschmalz oder Öl
- 1 Glas (400–500 ml) Wildfond
  oder ½ l Brühe
- 1 Scheibe Toastbrot
- 4 EL Butter
- 2–3 EL Mandelblättchen
- 4 Aprikosenhälften (Dose)
- 2 EL Johannisbeer-Gelee
- 2 TL Speisestärke • Alufolie

1 Zwiebeln schälen, 1 vierteln. Wirsing putzen, waschen und in Streifen schneiden.

2 Hirschrücken waschen, trocken tupfen, mit Salz und Pfeffer würzen. Rosmarin waschen und, bis auf ein Stückchen, die Nadeln abzupfen. Nadeln und Wacholder im Mörser zerstoßen oder hacken. Oben aufs Fleisch streichen.

3 Butterschmalz im Bräter erhitzen. Fleisch erst auf der Unterseite, dann auf der Oberseite, zum Schluss auf den Seiten kräftig anbraten. Zwiebelviertel kurz mitbraten. ¼ l Fond angießen und aufkochen.

4 Brot entrinden und fein zerbröseln. In 2 EL heißer Butter rösten und auf dem Fleisch verteilen, andrücken. Im vorgeheizten Backofen (E-Herd: 150 °C/Umluft: 125 °C/Gas: Stufe 1) offen ca. 30 Minuten braten.

5 Mandeln im großen Topf in 2 EL heißer Butter bräunen, herausnehmen. Übrige Zwiebel würfeln und mit Wirsing im Bratfett andünsten. Mit Salz, Pfeffer und Muskat würzen. Knapp 200 ml Wasser angießen, aufkochen und zugedeckt 15–20 Minuten garen.

6 Aprikosen abtropfen und mit etwas Gelee füllen. Fleisch in Alufolie ca. 10 Minuten ruhen lassen. Rest Fond zum Bratfond gießen und um ca. ⅓ einkochen. Durchsieben. Stärke und etwas Wasser glatt rühren und den Fond binden. Ca. 2 Minuten köcheln. Soße mit Salz, Pfeffer und übrigem Gelee abschmecken. Alles anrichten. Mandeln über den Wirsing streuen. Fleisch mit übrigem Rosmarin garnieren. Dazu schmecken Kroketten. **Getränk:** trockener Rotwein.

ZUBEREITUNGSZEIT ca. 1 ½ Std.
PORTION ca. 490 kcal
47 g E · 24 g F · 19 g KH

Kasseler in Blätterteig mit Obstkörbchen

ZUTATEN FÜR 8-10 PERSONEN

- 2 Zwiebeln • 2 Lorbeerblätter
- 1 EL Pfefferkörner
- 2 kg ausgelöstes Kasseler-Kotelett
- 450 g TK-Blätterteig
- Mehl zum Ausrollen • 1 Eigelb
- 4 Orangen • 150 g Mango-Chutney (Glas)
- 2 TL eingelegter grüner Pfeffer (Glas)
- 4 TL Crème fraîche • 3 Baby-Ananas
- 1 Stange Porree (Lauch)
- 100 g TK-Erbsen
- Salz • Pfeffer • Curry
- ca. 200 g Salat-Mayonnaise
- Backpapier

1 Zwiebeln schälen, vierteln. Mit Lorbeer und Pfefferkörnern in ca. 2 l Wasser aufkochen. Kasseler waschen und darin ca. 1 ½ Stunden gar ziehen lassen. Abtropfen und etwas abkühlen lassen.

2 Blätterteig auftauen. 1 Teigplatte auf wenig Mehl etwas ausrollen. Glücksschweine und Kleeblätter ausstechen. Rest Teigplatten aufeinanderlegen und auf wenig Mehl zum Rechteck (ca. 30 x 45 cm) ausrollen. Kasseler trocken tupfen und darauflegen. Teig darüberschlagen, Nähte zusammendrücken. Teig und Figuren mit verquirltem Ei bestreichen. Einige Figuren auf die Teighülle legen.

3 Kasseler auf ein mit Backpapier ausgelegtes Backblech setzen. Im vorgeheizten Backofen (E-Herd: 200 °C/Umluft: 175 °C/Gas: Stufe 3) ca. 30 Minuten backen. Übrige Figuren ca. 5 Minuten vor Ende der Backzeit mitbacken.

4 Aus den Orangen Körbchen schneiden. Fruchtfleisch auslösen und würfeln. Mit Mango-Chutney und grünem Pfeffer verrühren und in die Körbchen füllen. Je 1 TL Crème fraîche daraufgeben.

5 Ananas halbieren, Fruchtfleisch herauslösen, würfeln. Porree putzen, waschen, in feine Ringe schneiden. Porree und Erbsen in kochendem Salzwasser ca. 2 Minuten blanchieren. Abschrecken, abtropfen. Mit Ananas und Mayonnaise verrühren, abschmecken. Salat in die Ananashälften füllen. Alles anrichten.
Getränk: kühles Bier.

ZUBEREITUNGSZEIT ca. 2 ¼ Std.
AUFTAUZEIT ca. 30 Min.
PORTION ca. 600 kcal
40 g E · 38 g F · 21 g KH

Gebeizter Lachs mit pikantem Dip

ZUTATEN FÜR 8–10 PERSONEN

- 1 Lachsfilet (mit Haut; ca. 1,5 kg)
- 2 Bund Dill
- 1 TL Korianderkörner
- 1 kleine Bio-Orange
- Pfeffer
- 2 EL grobes Meersalz
- Zucker
- 250 g Crème fraîche
- 4 EL Moltebeeren- oder
  Preiselbeeren-Konfitüre
- Frischhaltefolie

1 Lachs waschen, trocken tupfen und Gräten entfernen. Mit der Hautseite nach unten auf ein großes Brett legen.

2 Dill waschen, fein hacken. Koriander im Mörser fein zerstoßen. Orange heiß waschen, trocken tupfen und etwa die Hälfte Schale abreiben. Orange in Folie wickeln und kalt stellen.

3 Lachs mit Orangenschale bestreichen. Mit Koriander, Pfeffer, Salz und 1 EL Zucker würzen. Dill darauf verteilen.

4 Lachs quer halbieren. Beide Hälften mit der Dillseite aufeinanderlegen (Hautseite nach außen). Fest in Folie wickeln. Zwischen 2 Brettchen legen und z. B. mit Konservendosen beschweren. Ca. 2 Tage im Kühlschrank beizen, dabei morgens und abends wenden.

5 Für den Dip Crème fraîche und Konfitüre verrühren. Orange in Scheiben schneiden.

6 Lachs in dicken Scheiben von der Haut schneiden. Mit Moltebeeren-Dip und Orange auf einer Platte anrichten. Dazu schmecken Cräcker und Knäckebrot. **Getränk:** eisgekühlter Aquavit.

ZUBEREITUNGSZEIT ca. 1 Std.
MARINIERZEIT ca. 2 Tage
PORTION ca. 370 kcal
25 g E · 24 g F · 12 g KH

Extra-Tipps

Die Lachsseite mit Haut evtl. beim Fischhändler vorbestellen.
Gräten entfernen Sie am besten mit einer Pinzette.

Pariser Zwiebelsuppe

ZUTATEN FÜR 4 PERSONEN

- 600 g Zwiebeln
- 1–2 Knoblauchzehen
- 3–4 Stiele Thymian oder Majoran
- 2–3 EL Öl
- 1 gestrichener TL Edelsüß-Paprika
- 2 EL Gemüsebrühe
- 75 g Emmentaler (Stück)
- 100 ml trockener Weißwein
- Salz • Pfeffer • Zucker
- 4 Scheiben Baguette

1 Zwiebeln schälen und in feine Ringe schneiden bzw. hobeln. Knoblauch schälen und hacken. Thymian waschen und die Blättchen abzupfen.

2 Zwiebeln, Knoblauch und Thymian im heißen Öl andünsten. Mit Paprika bestäuben. 1 l Wasser und Brühe einrühren, aufkochen. Zugedeckt bei mittlerer Hitze ca. 15 Minuten köcheln.

3 Käse fein reiben. Wein zur Suppe gießen. Mit Salz, Pfeffer und Zucker abschmecken. In 4 ofenfeste Suppentassen füllen. Je 1 Baguettescheibe darauflegen und mit Käse bestreuen.

4 Im vorgeheizten Backofen bei höchster Stufe oder unter dem heißen Grill 5–10 Minuten überbacken, bis der Käse geschmolzen ist. Sofort servieren.

ZUBEREITUNGSZEIT ca. 1 Std.
PORTION ca. 230 kcal
10 g E · 11 g F · 17 g KH

Ofenfeste Tassen …

brauchen Sie nicht unbedingt: Bestreuen Sie das Brot mit Käse und überbacken sie es separat. Dann auf der Suppe anrichten.

Geschnetzeltes mit Morchelrahm

ZUTATEN FÜR 4 PERSONEN

- 10 g getrocknete Spitzmorcheln
- ⅛ l Milch
- 1 Bund Lauchzwiebeln
- 3–4 Stiele Petersilie
- 1 kg weißer Spargel
- 1 Bund Möhren
- Salz • Zucker • Pfeffer
- 600 g Schweinefilet
- 2–3 EL Öl
- 2 EL Butter
- 250 g Schlagsahne
- evtl. 1 TL Speisestärke

1 Morcheln unter fließendem Wasser gründlich abspülen. In der Milch mind. 1 Stunde einweichen. Anschließend durch einen Kaffeefilter oder ein mit Küchenpapier ausgelegtes Sieb gießen, Milch auffangen.

2 Lauchzwiebeln putzen, waschen und, bis auf etwas Grün, fein schneiden. Petersilie waschen und hacken.

3 Spargel waschen, schälen und holzige Enden abschneiden. Möhren schälen und waschen. Beides in Stücke schneiden. In gut ¼ l kochendem Salzwasser mit 1 Prise Zucker zugedeckt 12–15 Minuten dünsten. Herausheben, warm stellen.

4 Filet trocken tupfen und in dünne Scheiben schneiden. Im heißen Öl unter Wenden kräftig anbraten. Mit Salz und Pfeffer würzen, herausnehmen.

5 Butter im Bratfett erhitzen. Morcheln, Lauchzwiebeln und Petersilie darin kurz andünsten. Mit Milch, Sahne und ⅛ l Gemüsefond ablöschen. Aufkochen und offen 5–8 Minuten köcheln. Fleisch darin erhitzen. Stärke und 2 EL Wasser glatt rühren. Soße binden, abschmecken. Gemüse auf einer Platte anrichten, Soße darübergießen. Mit Rest Lauchzwiebeln garnieren. Dazu schmecken Kroketten.
Getränk: kühler Weißwein.

ZUBEREITUNGSZEIT ca. 1 Std.
EINWEICHZEIT mind. 1 Std.
PORTION ca. 540 kcal
41 g E · 33 g F · 16 g KH

Sahne-Lendchen mit Kräuterbutter

ZUTATEN FÜR 4 PERSONEN

- 1 große Zwiebel
- 250 g Kirschtomaten
- 600 g Schweinefilet
- 6–8 dünne Scheiben Frühstücksspeck (Bacon)
- 1–2 EL + etwas Öl
- Pfeffer • Salz
- 1 gestrichener EL Mehl
- 200 g Schlagsahne
- 1 TL klare Brühe
- ½ Bund/Töpfchen Basilikum
- 40 g Kräuterbutter

1 Zwiebel schälen und würfeln. Tomaten waschen. Fleisch trocken tupfen und mit Speck umwickeln. In 1–2 EL heißem Öl in einer großen Pfanne rundherum anbraten. Tomaten kurz mitbraten. Mit Pfeffer und evtl. Salz würzen. Alles herausheben und in eine leicht geölte ofenfeste Form legen.

2 Zwiebel im Bratfett glasig dünsten. Mit Mehl bestäuben, kurz anschwitzen. ¼ l Wasser, Sahne und Brühe einrühren. Aufkochen und ca. 5 Minuten köcheln.

3 Basilikum waschen und, bis auf einige Blättchen zum Garnieren, fein schneiden. In die Soße rühren. Soße abschmecken und über das Fleisch gießen. Die Kräuterbutter in Scheiben schneiden und auf dem Fleisch verteilen.

4 Im vorgeheizten Backofen (E-Herd: 200 °C/Umluft: 175°C/Gas: Stufe 3) ca. 25 Minuten braten. Anrichten und mit Rest Basilikum garnieren. Dazu schmecken Röstkartoffeln und grüner Salat. **Getränk:** kühler Weißwein.

ZUBEREITUNGSZEIT ca. 1 Std.
PORTION ca. 520 kcal
38 g E · 36 g F · 7 g KH

Lebercreme-Pastetchen

ZUTATEN FÜR 24 STÜCK

- 6–7 Stiele Thymian
- 250 g feine Kalbsleberwurst
- 3 EL Schlagsahne
- 3 EL Cognac oder Weinbrand
- 2 Packungen (à 12 Stück/80 g) Mini-Blätterteig-Pasteten
- 2–3 EL Zucker
- evtl. Thymian und Himbeeren zum Garnieren

1 Thymian waschen und abzupfen. Mit Leberwurst, Sahne und Cognac verrühren. Vorsichtig mit einem Teelöffel in die Pastetchen streichen.

2 Pastetchen dünn mit Zucker bestreuen und mit einem Gasbrenner (s. Tipp) goldbraun karamellisieren. Anrichten und garnieren.
Getränk: kühler Sekt.

ZUBEREITUNGSZEIT ca. 40 Min.
STÜCK ca. 80 kcal
2 g E · 6 g F · 4 g KH

Perfekt karamellisieren

… ist mit einem kleinen Gas-Flambierbrenner ganz leicht. Gibt's z. B. bei www.hagengrote.de. So geht's ohne Brenner: Zucker in einer Pfanne goldbraun karamellisieren und sofort über die Pastetchen träufeln.

Tabouleh-Salat
mit Minz-Joghurt

Chicken Wings
mit Erdnuss-Soße

Traumhafte Safari-Fete

Das wird eine tierische Party: mit lauter Leckereien,
die exotisch klingen und doch ganz einfach gemacht sind

Pikante
Empanadas

Zebra-Pudding

Chakalaka-
Salat

Avocado-
Sambal-Dip

Würzige
Fleischspieße

Chakalaka-Salat

ZUTATEN

- 1,5 kg Weißkohl • Salz
- 2 Zwiebeln
- 1 rote Chilischote
- 6 EL Öl
- 200 g TK-Erbsen
- 200 g Chakalaka-Sauce (Grillsauce mit Curry; Flasche; ersatzw. Curry-Ketchup)
- 5–6 EL Essig
- Pfeffer
- 3 mittelgroße Möhren
- 2 gelbe Paprikaschoten
- 1 Mini-Römersalat

1 Kohl putzen, waschen, vierteln und den Strunk entfernen. Kohl in feine Streifen hobeln oder schneiden. Mit ca. 1 TL Salz kräftig durchkneten bzw. stampfen, bis der Kohl mürbe wird.

2 Zwiebeln schälen und würfeln. Chili längs einritzen, entkernen, waschen und fein hacken. Beides im heißen Öl mit den Erbsen andünsten. 150 ml Wasser, Chakalaka-Sauce und Essig zugießen, aufkochen. Mit dem Kraut mischen, würzen und mind. 2 Stunden kalt stellen.

3 Möhren und Paprika schälen bzw. putzen, waschen und in feine Streifen schneiden oder hobeln. Unter das Kraut mischen und alles abschmecken. Erst kurz vorm Servieren Salat putzen, waschen, klein schneiden und unterheben.

ZUBEREITUNGSZEIT ca. 40 Min.
MARINIERZEIT mind. 2 Std.
PORTION ca. 130 kcal
3 g E · 7 g F · 14 g KH

Tabouleh-Salat mit Minz-Joghurt

ZUTATEN

- 250 g Bulgur (Weizengrütze)
- 2 ½ TL Gemüsebrühe
- 1 Zwiebel • 3 EL Sesam
- 4 EL Öl • 6 EL Zitronensaft
- Salz • Pfeffer • evtl. 1 EL Sesamöl
- 1 Dose (425 ml) Maiskörner
- 500 g Tomaten
- 1 große Salatgurke
- 1–2 Bund glatte Petersilie
- 4–5 Stiele Minze
- 1 Knoblauchzehe
- 500 g cremiger Joghurt
- evtl. rote Chili zum Garnieren

1 Bulgur mit ¾ l Wasser und 2 TL Brühe aufkochen. Offen ca. 10 Minuten köcheln. Abtropfen und auskühlen lassen.

2 Zwiebel schälen und fein würfeln. Sesam ohne Fett leicht rösten, herausnehmen. Zwiebel in 4 EL heißem Öl glasig dünsten. Knapp ⅛ l Wasser, 5 EL Zitronensaft und ½ TL Brühe einrühren, aufkochen. Sesam untermischen. Mit Salz, Pfeffer und Sesamöl abschmecken. Dann abkühlen lassen.

3 Mais abtropfen lassen. Tomaten und Gurke waschen, evtl. schälen und würfeln. Petersilie waschen, Blättchen abzupfen und in Streifen schneiden. Mit Bulgur, Gemüse und Marinade mischen und mind. 30 Minuten ziehen lassen.

4 Minze waschen und in feine Streifen schneiden. Knoblauch schälen, durchpressen. Beides mit Joghurt verrühren. Mit 1 EL Zitronensaft, Salz und Pfeffer abschmecken. Mit Chili garnieren. Salat nochmals abschmecken. Alles anrichten.

ZUBEREITUNGSZEIT ca. 45 Min.
MARINIERZEIT mind. 30 Min.
PORTION ca. 210 kcal
7 g E · 9 g F · 25 g KH

Chicken Wings mit Erdnuss-Soße

ZUTATEN

- 1 Stück (ca. 30 g) frischer Ingwer
- 5 Knoblauchzehen
- 2–4 rote Chilischoten
- ⅛ l + 2 EL Öl • 1 ½–2 TL Zimt
- 2 EL Edelsüß-Paprika
- ½ Bund/Töpfchen frischer oder 1 TL gemahlener Koriander
- 2 kg Hähnchenteile (z. B. Unterkeulen und -flügel)
- Salz • 6 Lauchzwiebeln
- 2 Packungen (à 500 g) stückige Tomaten
- 1 TL klare Brühe
- 125 g cremige Erdnussbutter
- 2–3 EL Erdnusskerne

1 Ingwer und Knoblauch schälen. Chilis längs einritzen, entkernen, waschen. Alles hacken und mit ⅛ l Öl, Zimt und Paprika verrühren. Koriander waschen, hacken und die Hälfte unterrühren.

2 Hähnchenteile waschen, trocken tupfen und mit der Marinade einstreichen. Mind. 2 Stunden kalt stellen.

3 Fleisch aus der Marinade nehmen. Auf Fettpfanne und evtl. Blech verteilen.

Mit Salz würzen. Evtl. nacheinander im vorgeheizten Backofen (E-Herd: 200 °C/ Umluft: 175 °C/Gas: Stufe 3) 35–40 Minuten knusprig braten.

4 Lauchzwiebeln putzen, waschen und fein schneiden. In 2 EL heißem Öl andünsten. Tomaten, ¼ l Wasser und Brühe zugeben, aufkochen. Mit wenig Salz würzen. Zugedeckt ca. 5 Minuten köcheln. Erdnussbutter und Rest Koriander unterrühren, aufkochen.

5 Evtl. alle Hähnchenteile zusammen auf die Fettpfanne legen. Soße angießen und alles ca. 20 Minuten im Ofen weiterschmoren. Mit Soße anrichten und mit Erdnüssen bestreuen. Schmecken warm oder kalt.

ZUBEREITUNGSZEIT ca. 1 ¼ Std.
MARINIERZEIT mind. 2 Std.
PORTION ca. 360 kcal
27 g E · 25 g F · 4 g KH

Würzige Fleischspieße

ZUTATEN

- 1,8–2 kg ausgelöster Schweinenacken
- 8 EL Öl
- Salz • Pfeffer • 1 TL Edelsüß-Paprika
- 1 Gemüsezwiebel
- ¼ l klare Brühe
- 10 Holz- oder Metallspieße (25–30 cm lang)

1 Fleisch waschen und trocken tupfen. In große Würfel schneiden. Jeweils 4–5 Würfel aufspießen und auf die Fettpfanne legen. Öl, Salz, Pfeffer und Paprika verrühren. Spieße damit bestreichen. Zwiebel schälen, grob schneiden und dazwischen verteilen.

Alles reicht für 8–10 Personen

2 Im vorgeheizten Backofen (E-Herd: 200 °C/Umluft: 175 °C/Gas: Stufe 3) ca. 50 Minuten braten. Nach ca. 30 Minuten wenden, Brühe angießen und fertig braten.

ZUBEREITUNGSZEIT ca. 1 ¼ Std.
PORTION ca. 330 kcal
33 g E · 21 g F · 0 g KH

Avocado-Sambal-Dip

ZUTATEN

- 1 mittelgroße Zwiebel
- 2 grüne Chilischoten
- 1 Bund/Töpfchen Koriander
- 3 große reife Avocados
- 3 EL Zitronensaft
- 250 g cremiger Joghurt
- Salz · Zucker
- evtl. grüne Chilischote zum Garnieren

1 Zwiebel schälen. Chilis längs einritzen, entkernen und waschen. Koriander waschen. Alles fein hacken.

2 Avocados halbieren, entsteinen und das Fruchtfleisch mit einem Löffel herauslösen. Sofort mit Zitronensaft pürieren. Joghurt, Zwiebel, Chilis und Koriander unterrühren. Mit Salz und Zucker abschmecken. Mit Chili garnieren.

ZUBEREITUNGSZEIT ca. 15 Min.
PORTION ca. 170 kcal
2 g E · 17 g F · 2 g KH

Was sonst noch passt

Fertiges Ananas-Chutney in einer ausgehöhlten Ananashälfte anrichten.

Lange Holzspieße gibt's z. B. im Supermarkt. Oder aus Bambus im Asialaden, evtl. auf 30 cm kürzen.

Pikante Empanadas

ZUTATEN FÜR CA. 16 STÜCK

- 1 große Zwiebel
- 75 g Mandeln mit Haut
- 150 g getrocknete Aprikosen
- 1 Bund Petersilie
- 500 g gemischtes Hack · 1 EL Öl
- Salz · Pfeffer · 2 TL Curry
- 750 g + etwas Mehl
- evtl. 1 Msp. Kurkuma
- 2 Eier (Gr. M) · 1 EL Essig
- Sonnenblumenkerne und Mohn zum Bestreuen
- Backpapier

1 Zwiebel schälen und fein würfeln. Mandeln hacken. Aprikosen fein würfeln. Petersilie waschen und hacken.

2 Hack im heißen Öl krümelig braten. Zwiebel mitbräunen. Mit Salz, Pfeffer und Curry würzen. Mit 100 ml Wasser ablöschen und schmoren, bis die Flüssigkeit fast verdampft ist. Mandeln, bis auf 2 EL, Aprikosen und Petersilie unterrühren. Abkühlen lassen.

3 750 g Mehl, 1 gestrichener TL Salz und Kurkuma mischen. 400 ml kaltes Wasser, 1 Ei und Essig zugeben. Alles glatt verkneten. Ist der Teig zu klebrig, etwas Mehl unterkneten. Bei Raumtemperatur zugedeckt ca. 20 Minuten ruhen lassen.

4 Teig portionsweise auf Mehl dünn (2–3 mm) ausrollen. Ca. 16 Kreise (ca. 14 cm Ø) ausstechen. 1 Ei verquirlen, Ränder damit bestreichen. Jeweils ca. 1 EL Hack auf eine Kreishälfte geben, überklappen und die Ränder fest zusammendrücken. Auf mit Backpapier ausgelegte Bleche setzen. Die Hälfte mit Mandeln bestreuen.

5 Teigreste verkneten, ausrollen und z. B. Elefanten und Giraffen ausstechen. Mit Ei bestreichen und mit Kernen und Mohn bestreuen.

6 Bleche nacheinander im vorgeheizten Backofen (E-Herd: 200 °C/Umluft: 175 °C/Gas: Stufe 3) 15–20 Minuten backen. Tiere evtl. schon nach 5–10 Minuten Backzeit aus dem Ofen nehmen. Warm oder kalt servieren.

ZUBEREITUNGSZEIT ca. 1 Std.
ABKÜHL-/RUHEZEIT ca. 50 Min.
BACKZEIT PRO BLECH 15–20 Min.
STÜCK ca. 300 kcal
13 g E · 10 g F · 38 g KH

Zebra-Pudding

ZUTATEN

- 900 ml + 750 ml Milch
- 2 Päckchen Puddingpulver „Grieß" (zum Kochen; für je ½ l Milch)
- 100 g + 75 g Zucker
- 150 g Zartbitter-Schokolade
- 1 Päckchen Puddingpulver „Schokolade" (zum Kochen; für ½ l Milch)
- 200 g Schlagsahne
- Schoko-Zebra-Röllchen zum Verzieren
- Frischhaltefolie

1 200 ml Milch (von 900 ml) mit Grieß-Puddingpulver und 100 g Zucker glatt rühren. Rest 700 ml Milch aufkochen. Puddingpulver einrühren, ca. 1 Minute köcheln. In eine Schüssel füllen, mit Folie bedecken und ca. 2 Stunden kalt stellen.

2 Schokolade in Stücke brechen. 150 ml Milch (von 750 ml) mit Schoko-Puddingpulver und 75 g Zucker glatt rühren. Rest Milch aufkochen. Pulver einrühren und ca. 1 Minute köcheln. Vom Herd nehmen. Hälfte Schokolade darin schmelzen. In eine Schüssel füllen, mit Folie bedecken und ca. 2 Stunden kalt stellen.

3 Rest Schokolade hacken. Sahne steif schlagen. Puddinge umrühren. Unter Grießpudding Sahne, unter den Schokopudding Schokolade heben. Abwechselnd in 8–10 Gläser füllen, verzieren.

ZUBEREITUNGSZEIT ca. 40 Min.
AUSKÜHL-/KÜHLZEIT ca. 2 ¼ Std.
PORTION ca. 410 kcal
8 g E · 18 g F · 51 g KH

Gut geplant

AM VORTAG

- Dessert kochen, einschichten.
- Chakalaka-Salat, bis auf Salatstreifen, zubereiten.
- Tabouleh-Salat, bis aufs Mischen, fertigstellen.
- Chicken Wings marinieren.

MORGENS

- Empanadas backen.
- Spieße und Marinade vorbereiten.
- Soße für die Chicken Wings kochen. Hähnchen braten, falls kalt serviert. Oder 2 Stunden vorher braten.

1 STUNDE VORHER

- Spieße braten. Avocado-Dip machen.

Picknick mit Freunden

Wie bei Rosamunde Pilcher: Sandwiches, Hacktaschen und frische Scones schmecken nicht nur zur Teatime im Grünen

Cornish Pasty

Geflügel-Ei-Sandwich

Feine Scones

Alles reicht
für 6 Personen

Geflügel-Ei-Sandwich

ZUTATEN FÜR 12 STÜCK

• 4 Eier • 400 g Hähnchenfilet

• 1–2 EL Öl • Salz • Pfeffer

• 4 Stiele Petersilie

• 3–4 EL weiche Butter

• 1 Mini-Römersalat

• 12 Scheiben Sandwich-Toast

• 6 TL Mango-Chutney

• 75 g geriebener Cheddar-Käse

1 Eier hart kochen, abschrecken. Filet waschen, abtupfen. Im heißen Öl pro Seite 4–5 Minuten braten. Würzen.

2 Petersilie waschen und abzupfen. Eier schälen. Eigelb herauslösen. Mit Petersilie und Butter pürieren. Abschmecken. Eiweiß hacken. Salat putzen, waschen. Filet in Scheiben schneiden.

3 Brot entrinden. Hälfte mit der Creme bestreichen. Fleischscheiben, Eiweiß und je 1 TL Chutney daraufgeben. Salatblätter und übriges Brot darauflegen, leicht andrücken und diagonal halbieren. Mit Käse bestreuen.

ZUBEREITUNGSZEIT ca. 45 Min.
STÜCK ca. 240 kcal
15 g E · 9 g F · 22 g KH

Cornish Pasty

ZUTATEN FÜR CA. 12 STÜCK

• 450 g + etwas Mehl • Salz • Pfeffer

• 100 g weiche Butter

• 100 g Schweineschmalz

• 300 g Kartoffeln

• 125 g Möhren • 1 Zwiebel

• 150 g Beefsteak (ersatzw. Tatar)

• 2 Eigelb • 3 EL Milch

• Backpapier

1 450 g Mehl, 1 TL Salz, Butter und Schmalz in Flöckchen erst mit den Knethaken, dann mit den Händen glatt verkneten. Ca. 45 Minuten kalt stellen.

2 Kartoffeln und Möhren schälen, waschen. Zwiebel schälen. Fleisch trocken tupfen. Alles fein würfeln, mischen und würzen.

3 Teig zur Rolle formen und in ca. 12 Scheiben schneiden. Jede auf wenig Mehl rund (ca. 15 cm Ø) ausrollen. Füllung jeweils auf die untere Teighälfte verteilen, den Rand frei lassen. Ränder mit Wasser bestreichen. Teig darüberklappen, fest andrücken.

4 Taschen auf 2 mit Backpapier ausgelegte Backbleche legen und öfter einstechen. Eigelb und Milch verquirlen. Teigtaschen damit bestreichen. Nacheinander im vorgeheizten Backofen (E-Herd: 225 °C/Umluft: 200 °C/Gas: Stufe 4) ca. 20 Minuten backen. Bei 150 °C (Umluft: 125 °C/Gas: Stufe 1) ca. 20 Minuten weiterbacken.

ZUBEREITUNGSZEIT ca. 30 Min.
KÜHLZEIT ca. 45 Min.
BACKZEIT PRO BLECH ca. 40 Min.
STÜCK ca. 310 kcal
8 g E · 17 g F · 30 g KH

Feine Scones

ZUTATEN FÜR CA. 12 STÜCK

• 250 g + etwas Mehl

• Salz

• 50 g Zucker

• ½ Päckchen Backpulver

• 50 g weiche Butter

• ⅛ l + 2 EL Milch

• Backpapier

Picknick-Schichtsalat

ZUTATEN FÜR 6 PERSONEN

• 2 Eier

• 1 Dose (425 ml) Maiskörner

• 1 Glas (370 ml) Selleriesalat

• 1 Dose (580 ml) Ananasstücke

• ½ Eisbergsalat

• 1 Bund Radieschen

• 200 g Salat-Mayonnaise

• 150 g Vollmilch-Joghurt

• 1 TL Zitronensaft

• Salz • Cayennepfeffer

• 100 g gekochter Schinken

• ½ Bund Schnittlauch

• 75 g geriebener Gouda

1 Eier hart kochen. Abschrecken, schälen und abkühlen lassen. Mais, Sellerie und Ananas getrennt abtropfen lassen, Ananassaft dabei auffangen.

2 Eisbergsalat und Radieschen putzen und waschen. Salat in Streifen, Radieschen in dünne Scheiben schneiden.

3 Mayonnaise, Joghurt, 2 EL Ananas- und Zitronensaft verrühren. Mit Salz und Pfeffer abschmecken. Schinken in feine Streifen, Eier in Scheiben schneiden. Schnittlauch waschen und fein schneiden. Alles mit Käse in 6 Gläser schichten.

1 250 g Mehl, 1 Prise Salz, Zucker und Backpulver mischen. 50 g Butter in Flöckchen und ⅛ l Milch zufügen. Erst mit den Knethaken, dann mit den Händen glatt verkneten. 15 Minuten kalt stellen, dann bei Raumtemperatur ca. 20 Minuten ruhen lassen.

2 Teig auf wenig Mehl ca. 2 cm dick ausrollen. Daraus Kreise (ca. 6 cm Ø) ausstechen. Auf ein mit Backpapier ausgelegtes Backblech legen. Rest Teig genauso verarbeiten.

3 Mit 2 EL Milch bestreichen. Im vorgeheizten Backofen (E-Herd: 225 °C/Umluft: 200 °C/Gas: Stufe 4) ca. 12 Minuten backen. Herausnehmen und abkühlen lassen.

4 Scones am besten lauwarm servieren. Dazu schmeckt Crème double und Himbeer-Konfitüre.

ZUBEREITUNGSZEIT ca. 25 Min.
RUHE-/AUSKÜHLZEIT ca. 1 Std.
BACKZEIT ca. 12 Min.
STÜCK ca. 210 kcal
3 g E · 10 g F · 25 g KH

ZUBEREITUNGSZEIT ca. 40 Min.
PORTION ca. 360 kcal
15 g E · 20 g F · 27 g KH

Zum Mitnehmen

Der Schichtsalat lässt sich tropfdicht transportieren, wenn Sie ihn in 6 weite Gläser (mind. ½ l Inhalt) mit Bügelverschluss füllen.

Kartoffel-
Schichtsalat

Überraschungs-
Hörnchen

Avocado-Tomaten-Dip   Gartenkräuter-Dip

Thunfisch-Dip

Gemüseplatte
mit drei Dips

Hackbraten mit
Mozzarella

Fröhliche Gartenparty

Ein Buffet ohne großen Firlefanz und doch soo lecker!
Da kommt auch beim Gastgeber gute Stimmung auf

Aprikosenkuchen mit Zuckerkruste

Nudelsalat mit Pesto

Zweierlei Grillfackeln

Drei Dips zur Gemüseplatte

ZUTATEN

- 1 Ei
- je 1 Bund Dill, Petersilie und Schnittlauch
- 500 g Speisequark (20 % Fett)
- 2 EL Salat-Mayonnaise
- Salz • Pfeffer • Edelsüß-Paprika
- 2 Dosen (à 200 g) Thunfisch in Öl
- 1 Glas (106 ml) Kapern
- 2 Knoblauchzehen
- 250 g Schmand oder Crème fraîche
- 1 mittelgroße Zwiebel
- 2–3 mittelgroße Tomaten
- 3 reife Avocados
- 2–3 EL Zitronensaft
- Chilipulver

1 Gartenkräuter-Dip: Ei hart kochen. Abschrecken, schälen und auskühlen lassen. Kräuter waschen, abzupfen und hacken. Quark, Mayonnaise und Kräuter glatt rühren. Ei würfeln und unterrühren. Mit Salz und Pfeffer abschmecken.

2 Thunfisch-Dip: Thunfisch und Kapern abtropfen lassen. Knoblauch schälen und grob hacken. Mit Schmand und der Hälfte Thunfisch pürieren. Rest Thunfisch fein zerzupfen und mit den Kapern unter den Schmand mischen. Mit Salz, Pfeffer und Edelsüß-Paprika abschmecken.

3 Avocado-Tomaten-Dip: Zwiebel schälen und hacken. Tomaten waschen, vierteln, entkernen, fein würfeln. Avocados halbieren, Stein entfernen. Fruchtfleisch herauslösen. Mit Zitronensaft und Zwiebel pürieren. Tomaten unterrühren. Mit Salz und Chili abschmecken.

ZUBEREITUNGSZEIT ca. 35 Min.
AUSKÜHLZEIT ca. 1 Std.
PORTION ca. 110 kcal
5 g E · 9 g F · 1 g KH

Hackbraten mit Mozzarella

ZUTATEN FÜR CA. 20 SCHEIBEN

- 2 Brötchen (vom Vortag)
- 2 mittelgroße Zwiebeln
- 2 Knoblauchzehen
- 1 Bund/Töpfchen Basilikum
- ½ Bund/Töpfchen frischer oder 1 TL getrockneter Oregano
- 250 g Mozzarella
- 1 Glas (250 g) getrocknete Tomaten in Öl
- 1,5 kg gemischtes Hack
- 2 Eier • 1 EL Tomatenmark
- 1 EL Senf • Salz • Pfeffer
- Edelsüß-Paprika • etwas Öl
- 150 g Frühstücksspeck in dünnen Scheiben (Bacon)
- Tomatenscheiben zum Garnieren

1 Brötchen einweichen. Zwiebeln und Knoblauch schälen und hacken. Kräuter waschen und, bis auf etwas Basilikum, fein schneiden. Mozzarella, bis auf 3 dünne Scheiben zum Garnieren, würfeln. Getrocknete Tomaten abtropfen lassen und fein schneiden.

2 Ausgedrücktes Brötchen, Hack, Eier, Zwiebeln, Knoblauch, Kräuter, Tomatenmark und Senf verkneten, würzen. Tomaten und gewürfelten Käse unterkneten. Zum ca. 35 cm langen Laib formen. Auf eine geölte Fettpfanne legen. Speck dicht an dicht auf den Braten legen.

3 Im vorgeheizten Backofen (E-Herd: 175 °C/Umluft: 150 °C/Gas: Stufe 2) 1–1 ¼ Stunden braten.

4 Hackbraten herausnehmen und 10–15 Minuten ruhen lassen. Mit Tomatenscheiben, Rest Mozzarella und Basilikum garnieren.

ZUBEREITUNGSZEIT ca. 2 Std.
SCHEIBE ca. 290 kcal
20 g E · 21 g F · 4 g KH

Alles reicht für 8–10 Personen

Kartoffel-Schichtsalat

ZUTATEN

- 1 kg Kartoffeln • 4 Eier
- 300 g TK-Erbsen • Salz
- 2 mittelgroße Zwiebeln
- 2 TL Gemüsebrühe
- 4 EL Weißwein-Essig
- 1 Dose (425 ml) Ananasstücke
- 1 Glas (370 ml) Selleriesalat
- 1 kleiner Eisbergsalat
- 250 g gekochter Schinken
- 150 g Gouda (Stück)
- 300 g leichte Salatcreme
- 300 g Joghurt
- 1 EL Zitronensaft • Pfeffer

1 Kartoffeln ca. 20 Minuten kochen. Eier hart kochen. Beides abschrecken, schälen und auskühlen. Erbsen in Salzwasser ca. 3 Minuten garen. Abtropfen.

2 Kartoffeln in Scheiben schneiden. Zwiebeln schälen und würfeln. Mit ⅛ l Wasser, Brühe und Essig aufkochen. Mit den Kartoffeln mischen. Ca. 1 Stunde ziehen lassen.

3 Ananas und Sellerie getrennt abtropfen, Ananassaft auffangen. Salat putzen, waschen, klein schneiden. Schinken in Streifen schneiden. Käse grob raspeln. Eier in Scheiben schneiden. Salatcreme, Joghurt, Zitronensaft und 5–6 EL Ananassaft glatt rühren. Abschmecken. Vorbereitete Zutaten im Wechsel mit der Soße in ein hohes Glas schichten. Zugedeckt mind. 4 Stunden ziehen lassen.

ZUBEREITUNGSZEIT ca. 1 Std.
AUSKÜHL-/MARINIERZEIT mind. 6 Std.
PORTION ca. 350 kcal
21 g E · 16 g F · 28 g KH

Für die bunte Platte

... Gemüse wie Paprika, Möhren, Gurke und Staudensellerie in handliche Stücke schneiden. Immer beliebt: hart gekochte Eier, in Spalten oder Hälften geteilt. Und wer es noch ein bisschen herzhafter mag, bietet dazu Mini-Würstchen wie Wiener oder Cabanossi (aus Glas oder Packung) an. Dazu schmeckt frisches Stangen-Weißbrot oder knuspriges Bauernbrot.

Nudelsalat mit Pesto

ZUTATEN

- 500 g Nudeln (z. B. Penne)
- Salz • Pfeffer
- 2 Paprikaschoten (z. B. rot)
- 100 g Rucola (Rauke)
- 200 g kleine Tomaten • 1 große Zwiebel
- 4–6 EL weißer Balsamico-Essig
- 4–6 EL Olivenöl • 4 EL Pesto (Glas)
- 100 g schwarze Oliven

1 Nudeln in reichlich kochendem Salzwasser ca. 10 Minuten garen.

2 Paprika und Rucola putzen, waschen. Tomaten waschen. Alles klein schneiden. Zwiebel schälen und fein würfeln.

3 Nudeln abtropfen und etwas abkühlen lassen. Essig, 2 EL Wasser, Salz, Pfeffer und Öl kräftig verschlagen. Pesto und Zwiebel unterrühren. Vorbereitete Salatzutaten, Oliven und Pesto-Vinaigrette locker mischen und anrichten.

ZUBEREITUNGSZEIT ca. 40 Min.
PORTION ca. 270 kcal
7 g E · 9 g F · 38 g KH

Gut geplant

AM VORTAG
- Kuchen backen. Schichtsalat machen.

MORGENS
- Nudelsalat (bis auf Rucola) zubereiten.
- Hackbraten vorbereiten. Dips rühren.
- Fleisch aufspießen, Marinade mixen.

2 STUNDEN VORHER
Hackbraten, Hörnchen, Fackeln garen.

Überraschungs-Hörnchen

ZUTATEN FÜR 12 STÜCK

- 3 mittelgroße Tomaten
- ½ Bund/Töpfchen Basilikum
- 1 mittelgroße Zwiebel
- 1 EL Öl • 200 g Tomatenketchup
- Salz • Pfeffer • Zucker
- 2 Dosen (à 250 g; à 6 Stück) gekühlter Frischteig „Croissants"
- 1–2 EL mittelscharfer Senf
- 5 EL Röstzwiebeln
- 6 Wiener Würstchen (à ca. 90 g)
- 1 Ei • 1 EL Sesam
- 2 EL geriebener Gouda
- Backpapier

1 Tomaten und Basilikum waschen, Zwiebel schälen. Alles fein schneiden. Mit Öl und 150 g Ketchup verrühren und abschmecken.

2 Teig aus den Dosen nehmen, entrollen und die Teigdreiecke an den Nahtstellen trennen. 6 mit Rest Ketchup und 6 mit Senf bestreichen, dabei rundum einen Rand frei lassen. Mit 4 EL Röstzwiebeln bestreuen. Würstchen halbieren, je ½ auf das breite Ende legen. Zur Spitze hin aufrollen. Je 6 Hörnchen auf ein mit Backpapier ausgelegtes Blech legen.

3 Ei verquirlen, auf die Hörnchen streichen. Nach Belieben mit Sesam, Käse und Rest Röstzwiebeln bestreuen. Nacheinander im vorgeheizten Backofen (E-Herd: 200 °C/Umluft: 175 °C/Gas: Stufe 3) 10–12 Minuten goldbraun backen. Die Soße dazureichen.

ZUBEREITUNGSZEIT ca. 30 Min.
BACKZEIT PRO BLECH 10–12 Min.
STÜCK ca. 210 kcal
7 g E · 16 g F · 7 g KH

Zweierlei Grillfackeln

ZUTATEN FÜR 16 SPIESSE

- 16 dünne Scheiben Schweinebauch ohne Schwarte (900 g)
- 1–2 TL Curry • 4–6 EL Öl
- 1 TL Edelsüß-Paprika
- ½–1 TL getrockneter Majoran
- Pfeffer • Salz
- 16 lange Holzspieße

1 Holzspieße ca. 1 Stunde in kaltem Wasser einweichen.

2 Fleisch jeweils mit dem Ende auf einen Spieß stecken, etwas nach unten schieben. Rest Fleisch um den Spieß nach oben wickeln. Das Ende auch auf den Spieß stecken. Auf die Fettpfanne legen.

3 Curry und 2–3 EL Öl verrühren. Rest Öl mit Edelsüß-Paprika, Majoran und Pfeffer verrühren. Je 8 Spieße mit Curry- bzw. Paprika-Öl bestreichen. Spieße im vorgeheizten Backofen (E-Herd: 200 °C/Umluft: 175 °C/Gas: Stufe 3) 20–25 Minuten braten. Nach ca. 10 Minuten einmal wenden. Oder auf dem Grill rundum ca. 15 Minuten braten. Mit Salz würzen.

ZUBEREITUNGSZEIT ca. 45 Min.
EINWEICHZEIT ca. 1 Std.
SPIESS ca. 170 kcal
10 g E · 14 g F · 0 g KH

Aprikosenkuchen mit Zuckerkruste

ZUTATEN FÜR CA. 24 STÜCKE

- Fett für die Fettpfanne
- 3 Dosen (à 425 ml) Aprikosen
- 1 Bio-Zitrone
- 250 g + 100 g weiche Butter/Margarine
- 250 g + 150 g Zucker
- 1 Päckchen Vanillin-Zucker
- 5 Eier (Gr. M)
- 275 g Mehl
- 2 gestrichene TL Backpulver

1 Fettpfanne (ca. 32 x 39 cm) gut fetten. Aprikosen abtropfen lassen. Zitrone heiß waschen, trocken tupfen. Schale abreiben, Zitrone auspressen.

2 250 g Fett, 250 g Zucker, Vanillin-Zucker und Zitronenschale cremig rühren. 1 Ei trennen. Eigelb kalt stellen. Eier und Eiweiß einzeln unter die Fettmasse rühren. Mehl und Backpulver mischen und mit dem Zitronensaft kurz darunterrühren. Teig auf die Fettpfanne streichen. Aprikosen und 100 g Fett in Flöckchen darauf verteilen. Im vorgeheizten Backofen (E-Herd: 200 °C/Umluft: 175 °C/Gas: Stufe 3) ca. 10 Minuten backen.

3 Eigelb und 150 g Zucker zu Streuseln verrühren und auf dem Kuchen verteilen. Bei gleicher Temperatur 10–15 Minuten weiterbacken. Auskühlen lassen. Dazu schmeckt Schlagsahne.

ZUBEREITUNGSZEIT ca. 30 Min.
BACKZEIT 20–25 Min.
STÜCK ca. 270 kcal
3 g E · 14 g F · 31 g KH

Gyros-Kartoffel-Salat mit Tsatsiki

ZUTATEN FÜR 4–6 PERSONEN

- 1,2 kg festkochende Kartoffeln
- 500 g Gyrosfleisch (Fleischtheke)
- 1 Salatgurke
- je ½ Bund Thymian und Majoran
- 2–3 Knoblauchzehen
- 500 g griechischer Joghurt
  oder Sahne-Joghurt
- 2 EL Olivenöl
- 4–5 EL Milch
- Salz · Pfeffer
- 4 Tomaten
- 1 Gemüsezwiebel
- 10 eingelegte milde Peperoni (Glas)
- 200 g Fetakäse

1 Kartoffeln waschen und zugedeckt ca. 20 Minuten kochen. Abgießen, abschrecken, schälen und auskühlen.

2 Gyros in einer großen Pfanne ohne Fett rundherum ca. 10 Minuten braten. Auskühlen lassen.

3 Gurke putzen, waschen und evtl. schälen. Kräuter waschen, trocken schütteln und, bis auf etwas Majoran zum Garnieren, hacken. Knoblauch schälen, durchpressen. Joghurt, Öl, Kräuter, Knoblauch und Milch verrühren. ⅓ Gurke hineinraspeln. Mit Salz und Pfeffer abschmecken.

4 Übrige Gurke in Stücke schneiden. Tomaten waschen, klein schneiden. Zwiebel schälen, würfeln. Kartoffeln in Scheiben schneiden. Peperoni, bis auf 4–6 zum Garnieren, klein schneiden.

5 Vorbereitete Zutaten und Tsatsikisoße mischen, ca. 1 Stunde ziehen lassen. Salat abschmecken. Feta zerbröckeln und darüberstreuen. Mit Majoran und Peperoni garnieren.

Getränk: Mineralwasser oder Rotwein.

ZUBEREITUNGSZEIT ca. 1 ¼ Std.
MARINIERZEIT ca. 1 Std.
PORTION ca. 520 kcal
31 g E · 24 g F · 41 g KH

Für die Grillfete

Der Kartoffelsalat schmeckt auch lecker als Beilage zu Gegrilltem. Das Gyrosfleisch dann weglassen. Oder Gyros-Spieße dazu servieren.

Diese Salate machen alle an!

Zum Grillen, auf dem Buffet oder solo – diese Mischungen sind so köstlich, die werden Sie bestimmt öfter machen!

Geflügelsalat „Thousand Islands"

ZUTATEN FÜR 8 PERSONEN

- 800 g Hähnchenfilet
- 3 TL Hühnerbrühe
- 2 Eier
- 2 Zwiebeln
- 1 rote Paprikaschote
- 4 Gewürzgurken (Glas)
- 6 EL schwarze Oliven (ohne Stein)
- 500 g Vollmilch-Joghurt
- 6–8 EL Salat-Mayonnaise
- 6 EL Tomatenketchup
- Salz • Pfeffer • Edelsüß-Paprika
- 2 Dosen (à 446 ml) Ananasstücke
- 200 g Champignons
- je 1 Römer- und Eisbergsalat

1 Filet waschen. In 1 l kochendem Wasser mit Brühe 20–25 Minuten köcheln. Auskühlen lassen. Eier hart kochen. Abschrecken, schälen, auskühlen lassen.

2 Zwiebeln schälen. Paprika putzen, waschen. Je ¼ Zwiebel, Paprika, Gurken und Oliven pürieren. Mit Joghurt, Mayonnaise, Ketchup und 6–8 EL der Brühe verrühren. Eier hacken und unterheben. Abschmecken.

3 Rest Zwiebeln, Paprika und Gurken würfeln. Rest Oliven in Ringe schneiden. Ananas abtropfen lassen. Pilze putzen, waschen und in Scheiben schneiden. Salate putzen und waschen. Etwas zum Anrichten beiseite legen, Rest klein schneiden. Fleisch in Scheiben schneiden.

4 Salate, Fleisch, Ananas, Pilze und Dressing mischen. Ca. 30 Minuten ziehen lassen. Geflügelsalat auf Salatblättern anrichten. Mit Paprika, Zwiebeln, Oliven und Gurken bestreuen.
Getränk: kühle Weißweinschorle.

ZUBEREITUNGSZEIT ca. 1 Std.
AUSKÜHLZEIT ca. 1 Std.
MARINIERZEIT ca. 30 Min.
PORTION ca. 370 kcal
31 g E · 14 g F · 27 g KH

Roter Heringssalat

ZUTATEN FÜR 6 PERSONEN

- 600 g mageres Rindfleisch zum Kochen
- 1 Bund Suppengrün
- 1 Lorbeerblatt
- 5 Pfefferkörner
- 3 mittelgroße Zwiebeln
- 1 Glas (370 ml) Rote Bete
- 5 Gewürzgurken +
  4 EL Gurkenwasser (Glas)
- 2 große Äpfel
- 150 g leichte Salatcreme
- 150 g Magermilch-Joghurt
- Salz • Pfeffer
- 4 Bismarckheringe (à ca. 80 g)
- 1 EL Haselnusskerne

1 Fleisch waschen. Suppengrün putzen bzw. schälen, waschen und grob zerkleinern. Alles mit Lorbeer, Pfefferkörnern und gut 1 l Wasser im Topf aufkochen. Bei mittlerer Hitze ca. 1 ½ Stunden köcheln. Zwischendurch abschäumen.

2 Fleisch auskühlen lassen (Brühe z. B. für eine Bouillon verwenden).

3 Zwiebeln schälen. Rote Bete abtropfen, Sud auffangen. Zwiebeln, Rote Bete und Gurken würfeln. Äpfel schälen, vierteln, entkernen und klein schneiden.

4 Salatcreme, Joghurt, Gurkenwasser und 4 EL Rote-Bete-Sud verrühren. Mit Salz und Pfeffer abschmecken.

5 Heringe waschen, trocken tupfen und in Stücke schneiden. Fleisch fein würfeln. Vorbereitete Salatzutaten und Salatcreme mischen, abschmecken. Nüsse grob hacken und über den Salat streuen. Dazu schmeckt Vollkornbrot.
Getränk: kühles Mineralwasser.

ZUBEREITUNGSZEIT ca. 2 Std.
AUSKÜHLZEIT ca. 1 Std.
PORTION ca. 370 kcal
33 g E · 17 g F · 18 g KH

Schichtsalat mit Schinken & Ei

ZUTATEN FÜR 4 PERSONEN

- 3 Eier
- 1 Stange Porree (ca. 250 g; Lauch)
- Salz
- 150 g gekochter Schinken in dünnen Scheiben
- 150 g eingelegte Selleriestreifen (Glas)
- 3–4 Ananasringe (Dose)
- 1 Dose (212 ml) Mais
- 1 Apfel
- 1 EL Zitronensaft
- 100 g leichte Salatcreme
- 150 g saure Sahne
- Pfeffer • Zucker
- evtl. Petersilie zum Garnieren

1 Eier hart kochen. Abschrecken, schälen und auskühlen lassen. Porree putzen, waschen und in feine Ringe schneiden. Evtl. in kochendem Salzwasser ca. 2 Minuten vorgaren. Abschrecken und gut abtropfen lassen.

2 Kochschinken in Streifen schneiden. Sellerie, Ananas und Mais abtropfen lassen. Ananas in kleine Stücke schneiden. Apfel waschen, vierteln, entkernen und würfeln. Mit Zitronensaft beträufeln. Eier in Scheiben schneiden.

3 Salatcreme und saure Sahne verrühren. Mit Salz, Pfeffer und Zucker abschmecken. Vorbereitete Zutaten nacheinander in 4 Gläser schichten. Die Soße darüber verteilen und mind. 1 Stunde kühl stellen. Mit Petersilie garnieren.
Getränk: kühle Saftschorle.

ZUBEREITUNGSZEIT ca. 30 Min.
KÜHLZEIT mind. 1 Std.
PORTION ca. 310 kcal
18 g E · 14 g F · 27 g KH

Für die große Runde

... die Mengen verdoppeln und alles in eine große Glasschüssel schichten. Sie können das prima schon am Vortag machen, denn gut durchgezogen schmeckt der Salat am besten.

Kartoffelsalat mit Lachs

ZUTATEN FÜR 8–10 PERSONEN

- 2 kg festkochende Kartoffeln
- 6–8 Eier
- 5 EL Weißwein-Essig
- 1 TL Gemüsebrühe
- 1 große Zwiebel
- Salz • Pfeffer
- 300 g Vollmilch-Joghurt
- 150 g Crème fraîche
- 3–4 EL Meerrettich (Glas)
- evtl. 1–2 EL Kapern (Glas)
- 300–400 g geräucherter Lachs in Scheiben
- 1 Bund Schnittlauch

1 Kartoffeln waschen und ca. 20 Minuten kochen. Eier hart kochen. Beides abschrecken, schälen. Auskühlen lassen.

2 Kartoffeln in Scheiben schneiden. ¼ l Wasser, Essig und Brühe aufkochen. Zwiebel schälen, hacken und zufügen. 1–2 Minuten köcheln. Mit etwas Salz und Pfeffer würzen. Heiß über die Kartoffeln gießen. Ca. 15 Minuten ziehen lassen.

3 Joghurt, Crème fraîche, Meerrettich und etwas Salz verrühren. Mit den Kapern unter die Kartoffeln heben. Mind. 2 Stunden ziehen lassen.

4 Eier und Lachs klein schneiden. Schnittlauch waschen und in Röllchen schneiden. Alles unter den Salat heben. Mit Salz und Pfeffer abschmecken.
Getränk: kühler Weißwein oder Bier.

ZUBEREITUNGSZEIT ca. 1 ¼ Std.
AUSKÜHLZEIT ca. 1 Std.
MARINIERZEIT mind. 2 ¼ Std.
PORTION ca. 330 kcal
16 g E · 14 g F · 33 g KH

Winzersalat mit Wurst & Käse

ZUTATEN FÜR 6 PERSONEN

- 400 g Fleischwurst
- 250 g Pfälzer Schwartenmagen
  oder Presskopf in dünnen Scheiben
- 250 g Gouda (Stück)
- 2–3 Zwiebeln
- 5 EL Weißwein-Essig
- 1 TL mittelscharfer Senf
- Salz • Pfeffer • etwas Zucker
- 6 EL Öl
- 200 g Feldsalat
- 1 Bund Schnittlauch

1 Von der Fleischwurst die Haut abziehen. Wurst in Streifen schneiden. Schwartenmagen in grobe Stücke reißen. Käse in Stifte schneiden. Zwiebeln schälen und in dünne Ringe schneiden.

2 Essig und Senf verquirlen. Mit Salz, Pfeffer und Zucker würzen. Öl darunterschlagen. Mit Wurst, Schwartenmagen, Käse und Zwiebeln mischen. Mind. 1 Stunde ziehen lassen.

3 Feldsalat putzen und waschen. Schnittlauch waschen und in Röllchen schneiden. Beides unter die Wurst-Mischung heben. Mit Salz und Pfeffer abschmecken. Dazu passt frisches Bauernbrot. **Getränk:** kühler Weißwein.

ZUBEREITUNGSZEIT ca. 30 Min.
MARINIERZEIT mind. 1 Std.
PORTION ca. 620 kcal
38 g E · 47 g F · 4 g KH

Lecker variiert
Wer's fruchtig mag, ergänzt den Salat mit ca. 250 g kernlosen Weintrauben. Schön knackig wird's mit Radieschen oder Rettich.

Tortellini-Salat mit Spießchen

ZUTATEN FÜR 6–8 PERSONEN

- 500 g getrocknete Tortellini
- Salz • Pfeffer • Zucker
- 150 g TK-Erbsen
- 3 Paprikaschoten
- 1 Bund Lauchzwiebeln
- 500 g Vollmilch-Joghurt
- 5–6 EL Salat-Mayonnaise
- 1–2 TL Zitronensaft
- 4 dicke Schweineschnitzel (600 g)
- 2–3 Eier
- 6–8 EL Paniermehl
- 3–4 EL Öl
- Holzspieße

1 Tortellini in reichlich kochendem Salzwasser 13–15 Minuten garen. Erbsen ca. 3 Minuten mitgaren. Alles abtropfen und auskühlen lassen.

2 Paprika und Lauchzwiebeln putzen, waschen. Paprika würfeln, Lauchzwiebeln fein schneiden. Joghurt und Mayonnaise verrühren. Mit Salz, Pfeffer, 1 Prise Zucker und Zitronensaft abschmecken. Vorbereitete Salatzutaten mischen. Mind. 30 Minuten ziehen lassen.

3 Fleisch trocken tupfen und in 12–16 dicke Streifen schneiden. Auf Spießchen stecken. Eier, Salz und Pfeffer verquirlen. Spießchen erst im Ei, dann im Paniermehl wenden. Im heißen Öl rundherum 5–6 Minuten braten. Evtl. auskühlen lassen. Tortellini-Salat nochmals abschmecken.

Getränk: kühles Bier.

ZUBEREITUNGSZEIT ca. 30 Min.
AUSKÜHL-/MARINIERZEIT ca. 1 Std.
PORTION ca. 600 kcal
32 g E · 25 g F · 57 g KH

Nudel-Lauchsalat mit Pfifferlingen

ZUTATEN FÜR 4–6 PERSONEN

- 400 g kurze Nudeln
  (z. B. Casarecce oder Penne)
- Salz • Pfeffer • Zucker
- 500 g Porree (Lauch)
- 200 g Pfifferlinge
- 3–4 EL Öl
- 75–100 g Schinkenwürfel
- 5 EL Essig (z. B. weißer Balsamico)
- 1 TL Gemüsebrühe
- 1 Bund Petersilie

1 Nudeln in reichlich kochendem Salzwasser 10–12 Minuten garen. Abschrecken und gut abtropfen lassen.

2 Porree putzen, waschen und in Ringe schneiden. Pfifferlinge putzen, evtl. waschen. Porree in 2 EL heißem Öl in einer großen Pfanne ca. 5 Minuten dünsten. Mit Salz und Pfeffer würzen, herausnehmen. Pfifferlinge im heißen Bratfett braten. Mit Salz und Pfeffer würzen, herausnehmen.

3 1–2 EL Öl im Bratfett erhitzen. Schinkenwürfel darin knusprig braten. Mit 1 EL Zucker bestreuen und leicht karamellisieren. Mit knapp 200 ml Wasser und Essig ablöschen. Aufkochen, Brühe einrühren und ca. 2 Minuten köcheln.

4 Petersilie waschen und hacken. Vorbereitete Salatzutaten mischen. Die warme Schinken-Vinaigrette darübergießen. Mind. 1 Stunde ziehen lassen. Mit Salz und Pfeffer abschmecken.
Getränk: Weißwein oder Bier.

ZUBEREITUNGSZEIT ca. 45 Min.
MARINIERZEIT mind. 1 Std.
PORTION ca. 590 kcal
16 g E · 22 g F · 79 g KH

Gut vorbereitet

Der Salat lässt sich bereits morgens oder am Vortag zubereiten.
Bei Bedarf vorm Servieren noch etwas Brühe angießen, denn Nudeln „schlucken" Marinade.

Exotischer Salat mit Saté-Soße

ZUTATEN FÜR 4–6 PERSONEN

- 3–4 Möhren • 3 Zwiebeln
- 2 Hähnchenbrüste (à ca. 375 g; mit Knochen)
- Salz • 1 TL Pfefferkörner • Pfeffer
- 1 walnussgroßes Stück frischer Ingwer
- 1 Chilischote
- 1 TL Butter
- 200 g Erdnussbutter (Glas)
- 150 g ungesüßte Kokosmilch (Dose)
- 1 EL Sojasoße
- 5 EL Essig • Zucker
- 1 reife Mango (ca. 400 g)
- 1 kleiner Radicchio-Salat
- einige Blätter Römersalat
- 1 kleine Salatgurke
- 250–350 g Stangensellerie
- 2 kleine reife Avocados
- 5 EL Limettensaft • 4–6 EL Öl

1 Möhren schälen, waschen. 1 Möhre klein schneiden. Zwiebeln schälen, 1 halbieren. Fleisch waschen. Mit Möhrenstücken, Zwiebelhälften, 1 TL Salz, Pfefferkörnern und 1 l Wasser aufkochen. Zugedeckt ca. 40 Minuten köcheln.

2 Ingwer schälen, Chili längs einritzen, entkernen und waschen. Beides und 1 Zwiebel fein hacken. Alles in heißer Butter andünsten. Erdnussbutter, Kokosmilch und 150 ml von der Geflügelbrühe einrühren, aufkochen. Mit Sojasoße, 2 EL Essig und ca. 1 TL Zucker abschmecken.

3 Mango schälen, vom Stein schneiden, würfeln. Salate, Gurke und Sellerie putzen, waschen. Gurke würfeln. Radicchio, Sellerie, Rest Möhren und 1 Zwiebel fein schneiden. Avocados schälen, halbieren und entsteinen. Fruchtfleisch in Scheiben schneiden. Mit 3 EL Limettensaft beträufeln.

4 Fleisch herausheben und etwas abkühlen lassen (Brühe anderweitig verwenden). 3 EL Essig, 2 EL Limettensaft, Salz, Pfeffer und etwas Zucker verrühren. Öl kräftig darunterschlagen. Fleisch von Haut und Knochen lösen, in Scheiben schneiden. Alles mit der Marinade anrichten. Saté-Soße darüber verteilen.
Getränk: kühler Weißwein.

ZUBEREITUNGSZEIT ca. 1 ½ Std.
PORTION ca. 490 kcal
24 g E · 36 g F · 14 g KH

Tex-Mex-Salat mit Chorizo

ZUTATEN FÜR 6 PERSONEN

- 200 g Chorizo (spanische Paprikawurst)
  oder Cabanossi
- 5–6 EL Öl
- 500 g Tomaten
- 3 Paprikaschoten (z. B. grün, gelb, rot)
- 1 Bund Lauchzwiebeln
- 1 kleiner Römersalat
- 2 reife Avocados
- 2–3 EL Zitronensaft
- 1 Knoblauchzehe
- ¼ l Tomatensaft
- 2 EL Essig
- Salz • einige Spritzer Tabasco
- Zucker (z. B. brauner)
- 150 g saure Sahne
- evtl. geraspelter Edamer und
  Lauchzwiebeln zum Garnieren

1 Chorizo in dünne Scheiben schneiden. In 1 EL heißem Öl anbraten. Herausnehmen, auf Küchenpapier abtropfen.

2 Tomaten waschen und in Spalten schneiden. Paprika, Lauchzwiebeln und Römersalat putzen, waschen. Paprika würfeln. Lauchzwiebeln in feine Ringe, Römersalat in Streifen schneiden. Avocados schälen, halbieren, entsteinen und in Scheiben schneiden. Sofort mit Zitronensaft beträufeln.

3 Knoblauch schälen und hacken. Mit Tomatensaft, Lauchzwiebeln, Essig, Salz, Tabasco und 1 TL Zucker verrühren. 4–5 EL Öl darunterschlagen.

4 Vorbereitete Salatzutaten und Marinade mischen, ca. 30 Minuten marinieren. Mit saurer Sahne, Käse und Lauchzwiebeln anrichten. Dazu schmeckt Knoblauch-Brot oder Tortilla-Chips.
Getränk: Tomatensaft oder Bier.

ZUBEREITUNGSZEIT ca. 45 Min.
MARINIERZEIT ca. 30 Min.
PORTION ca. 440 kcal
11 g E · 39 g F · 8 g KH

Salat „Nizza Art" mit Filetspieß

ZUTATEN FÜR 4 PERSONEN

- 750 g neue Kartoffeln
- 500 g grüne Bohnen
- Salz • Pfeffer • Zucker
- 400 g Tomaten
- 2 Zwiebeln
- ½ Bund/Töpfchen Basilikum
- 2 EL Salat-Mayonnaise
- 1 TL körniger Senf
- 2 EL Weißwein-Essig
- 5–6 EL Olivenöl
- 80 g schwarze Oliven
- 6 dünne Scheiben Frühstücksspeck (Bacon)
- 400–500 g Schweinefilet
- ½ Römersalat
- evtl. Bio-Zitrone zum Garnieren
- 4 Metallspieße

1 Kartoffeln waschen und ca. 20 Minuten kochen. Bohnen putzen, waschen und halbieren. In kochendem Salzwasser ca. 15 Minuten garen. Abtropfen lassen. Kartoffeln abschrecken, schälen und auskühlen lassen.

2 Tomaten waschen und in Spalten schneiden. Zwiebeln schälen und halbieren. Zwiebeln und Kartoffeln in Scheiben schneiden. Basilikum waschen und, bis auf etwas, fein schneiden.

3 Mayonnaise, Senf, Essig, Salz, Pfeffer und 1 Prise Zucker verrühren, 4 EL Öl darunterschlagen. Basilikum unterrühren. Vorbereitete Salatzutaten, Oliven und Marinade mischen. Ca. 30 Minuten ziehen lassen.

4 Speckscheiben halbieren. Fleisch trocken tupfen. In 12 Medaillons schneiden. Mit je ½ Scheibe Speck umwickeln und auf Spieße stecken. In 1–2 EL heißem Öl rundherum ca. 10 Minuten braten. Mit Salz und Pfeffer würzen.

5 Römersalat putzen, waschen und in Streifen schneiden. Unter den vorbereiteten Salat heben. Nochmals abschmecken. Mit den Spießen anrichten, mit Rest Basilikum und Zitrone garnieren.
Getränk: kühles Mineralwasser.

ZUBEREITUNGSZEIT ca. 1 Std.
AUSKÜHLZEIT ca. 1 Std.
MARINIERZEIT ca. 30 Min.
PORTION ca. 510 kcal
32 g E · 26 g F · 34 g KH

Muschelnudel-Salat mit Garnelen

Kräuter-Lachs-Kartoffeln

Drei leckere Dips

Schnittlauch-Chili-Dip

Sardinen-Oliven-Dip

Auberginen-Paprika-Dip

Knusprige Brot-Taue

104

Strandparty mit Freunden

Mit diesen maritimen Genüssen kann man entspannt feiern:
Alles ist originell und lässt sich prima vorbereiten

**Bulgur-Salat mit
Paprika & Erbsen**

**Meeres-
Gelee**

**Fleisch-Gemüse-
Spieße XXL**

Muschelnudel-Salat mit Garnelen

ZUTATEN

• 500 g geschälte Riesengarnelen oder
  Shrimps (frisch oder TK)
• 500 g kleine Muschelnudeln
  (keine Suppennudeln)
• Salz • Pfeffer • Zucker
• 8 EL weißer Balsamico-Essig
• 6 EL Olivenöl
• 1 kleine Salatgurke
• 2 Zwiebeln (z. B. rot)
• 150 g Kirschtomaten
• 2 Knoblauchzehen
• 2 Mini-Römersalate
• 4–6 Stiele Basilikum
• 150 g Crème fraîche • 8 EL Milch

1 TK-Garnelen auftauen lassen. Nudeln
in kochendem Salzwasser 10–12 Minuten garen. Abschrecken, abkühlen.

2 Essig, 5 EL Wasser, Salz, Pfeffer und
etwas Zucker verrühren. 5 EL Öl darunterschlagen. Gurke putzen, waschen oder schälen. Längs vierteln und in Scheiben schneiden. Zwiebeln schälen und in dünne Ringe schneiden. Tomaten waschen und halbieren. Alles mit Nudeln mischen. Mind. 1 Stunde ziehen lassen.

3 Knoblauch schälen und hacken. Garnelen abspülen und trocken tupfen.
In 1 EL Öl mit Knoblauch pro Seite ca. 2 Minuten braten. Mit Salz und Pfeffer würzen. Auskühlen lassen.

4 Römersalat putzen, waschen. Basilikum waschen. Beides abtropfen und
fein schneiden. Crème fraîche und Milch verrühren, würzen. Alles mit Garnelen und Nudeln mischen. Abschmecken.

ZUBEREITUNGSZEIT ca. 45 Min.
EVTL. AUFTAUZEIT ca. 2 Std.
MARINIER-/AUSKÜHLZEIT mind. 1½ Std.
PORTION ca. 360 kcal
17 g E · 13 g F · 41 g KH

Kräuter-Lachs-Kartoffeln

ZUTATEN

• 1,5 kg festkochende Kartoffeln
• 150–200 g geräucherter Lachs
  in Scheiben • etwas Öl (Förmchen)
• grobes Salz • Pfeffer
• 125 g Kräuterbutter
• evtl. Dill zum Garnieren

1 Kartoffeln evtl. schälen oder die Schale unter Wasser kräftig abbürsten.
Kartoffeln ca. 20 Minuten kochen. Abschrecken und abkühlen lassen.

2 Lachs in Streifen schneiden. Kartoffeln
in Scheiben oder Spalten schneiden. Beides in geölte ofenfeste Portionsförmchen (z. B. Muschelschalen) oder in eine große Auflaufform verteilen. Würzen. Butter in Flöckchen darauf verteilen.

3 Im vorgeheizten Backofen (E-Herd:
225 °C/Umluft: 200 °C/Gas: Stufe 4) 5–7 Minuten überbacken. Garnieren.

ZUBEREITUNGSZEIT ca. 50 Min.
ABKÜHLZEIT ca. 30 Min.
PORTION ca. 220 kcal
6 g E · 11 g F · 23 g KH

Bulgur-Salat mit Paprika & Erbsen

ZUTATEN

• 500 g Bulgur (Weizengrütze)
• Salz • Pfeffer
• 300 g TK-Erbsen
• 750 g Tomaten
• 2 Bund Lauchzwiebeln
• 2 Paprikaschoten (z. B. rot und gelb)
• 2 große Bund glatte Petersilie
• Saft von 1½ Zitronen
• 9–10 EL Olivenöl
• 1 Zwiebel
• 2 Knoblauchzehen
• 1 TL getrockneter Thymian
• 250 g passierte Tomaten
• 1 TL Gemüsebrühe

1 Bulgur mit 1,2 l Salzwasser (s. auch
Packungsanweisung) aufkochen. Zugedeckt bei milder Hitze ca. 10 Minuten köcheln. Erbsen ca. 3 Minuten mitgaren. Abkühlen lassen.

2 Tomaten waschen und klein schneiden. Lauchzwiebeln und Paprika putzen, waschen und in Stücke schneiden.
Petersilie waschen und, bis auf etwas, fein schneiden.

3 Saft von 1 Zitrone, Salz, Pfeffer verrühren. 5 EL Öl kräftig darunterschlagen. Mit vorbereitetem Gemüse und Petersilie mischen.

4 Zwiebel und Knoblauch schälen, hacken. Beides mit Thymian in 4–5 EL
heißem Öl kurz andünsten. Passierte Tomaten und 200 ml Wasser zufügen, aufkochen, Brühe einrühren. Alles ca. 3 Minuten köcheln. Mit Salz, Pfeffer und Saft

von ½ Zitrone abschmecken. Bulgur und Erbsen untermischen, auskühlen lassen.

5 Bulgur-Salat mit dem Gemüse anrichten. Mit übriger Petersilie garnieren.

ZUBEREITUNGSZEIT ca. 1 Std.
AB-/AUSKÜHLZEIT mind. 1 Std.
PORTION ca. 320 kcal
9 g E · 11 g F · 43 g KH

Fleisch-Gemüse-Spieße XXL

ZUTATEN FÜR CA. 15 SPIESSE

• 500 g Hähnchenfilet
• 1 kg ausgelöster Schweinenacken
• 100 g Frühstücksspeck in dünnen
  Scheiben (Bacon)
• 3 Currywürste (à ca. 120 g)
• 400 g Mett
• 3 große Paprikaschoten
• 300 g Champignons
• 300 g kleine Zwiebeln
• evtl. einige frische Lorbeerblätter
• 8–10 EL Öl • 1 TL getrockneter Oregano
• Salz • Pfeffer • Rosenpaprika
• 15 große Spieße
  (z. B. Wokspieße; ca. 45 cm lang)

1 Holzspieße evtl. 30 Minuten wässern.
Fleisch waschen, trocken tupfen und in mundgerechte Stücke schneiden. Speck längs halbieren und Hähnchenwürfel damit umwickeln. Rest Speck locker aufrollen. Wurst in 4–5 cm lange Stücke schneiden. Mett zu Bällchen formen.

2 Paprika putzen, waschen. In Stücke
schneiden. Pilze putzen und waschen. Zwiebeln schälen, halbieren. Die vorbereiteten Zutaten und Lorbeer abwechselnd auf die Spieße stecken.

Alles reicht für 10 Personen

3 Öl, Oregano, Salz, Pfeffer und Rosenpaprika verrühren. Die Spieße damit einstreichen. Im vorgeheizten Backofen (E-Herd: 200 °C/Umluft: 175 °C/Gas: Stufe 3) ca. 30 Minuten oder auf dem Grill ca. 20 Minuten braten.

ZUBEREITUNGSZEIT ca. 1 ¾ Std.
SPIESS ca. 400 kcal
30 g E · 27 g F · 6 g KH

Knusprige Brot-Taue

ZUTATEN FÜR 10 STÜCK

- 1 Würfel (42 g) frische Hefe
- 1 Packung (1 kg) Brotbackmischung „Krustenbrot"
- etwas Mehl · Backpapier

1 Hefe zerbröckeln, in 700 ml lauwarmem Wasser auflösen. Backmischung zugeben und alles zum glatten Teig verkneten. Zugedeckt an einem warmen Ort ca. 30 Minuten gehen lassen.

2 Teig durchkneten und in 10 Stücke teilen. Jeweils auf etwas Mehl zu einem langen Strang (20–25 cm) rollen. Die Teigstränge zu Tauen drehen oder die Enden locker verknoten. Auf 2 mit Backpapier ausgelegte Bleche legen und mit etwas Mehl bestäuben. 1 Blech an einen kühlen Ort stellen. Das andere am warmen Ort 20–30 Minuten gehen lassen.

3 Teigtaue nacheinander im vorgeheizten Backofen (E-Herd: 200 °C/Umluft: 175 °C/Gas: Stufe 3) 20–25 Minuten backen. Auskühlen lassen.

ZUBEREITUNGSZEIT ca. 30 Min.
GEHZEIT 50–60 Min.
BACKZEIT PRO BLECH 20–25 Min.
STÜCK ca. 330 kcal
10 g E · 1 g F · 67 g KH

Drei leckere Dips

ZUTATEN

- 2–3 Auberginen (ca. 800 g)
- 2 Knoblauchzehen
- ½ Glas (370 ml) geröstete Paprika
- 4–6 Stiele Majoran
- Salz · Pfeffer · Edelsüß-Paprika
- 2–3 EL Zitronensaft
- 1 Bund Schnittlauch
- ½–1 kleine Chilischote
- 250 g + 250 g Crème fraîche
- 150 g saure Sahne
- 2 Dosen (à 125 g) Ölsardinen
- je 50 g grüne und schwarze Oliven (ohne Stein)
- evtl. Petersilie und 1 Bio-Zitronenspalte zum Garnieren

1 **Auberginen-Paprika-Dip:** Auberginen putzen, waschen und trocken tupfen. Auf einem Backblech im vorgeheizten Backofen (E-Herd: 250 °C/Umluft: 225 °C/Gas: Stufe 4) ca. 45 Minuten backen. Herausnehmen und ca. 10 Minuten abkühlen lassen.

2 Knoblauch schälen und hacken. Paprika abtropfen lassen. Majoran waschen und hacken. Die Auberginen längs aufschneiden und das Fruchtfleisch herauskratzen. Mit Paprika, Knoblauch und Majoran kurz pürieren. Mit Salz, Pfeffer, Edelsüß-Paprika und 1 EL Zitronensaft würzig abschmecken.

3 **Schnittlauch-Chili-Dip:** Schnittlauch waschen und in feine Röllchen schneiden. Chili längs einritzen, entkernen, waschen und fein hacken. Beides mit 250 g Crème fraîche und saurer Sahne verrühren. Mit Salz abschmecken.

4 **Sardinen-Oliven-Dip:** Sardinen abtropfen lassen. Mit 250 g Crème fraîche pürieren. Oliven hacken und unter die Creme rühren. Mit Edelsüß-Paprika, Salz, Pfeffer und 1–2 EL Zitronensaft abschmecken, garnieren.

ZUBEREITUNGSZEIT ca. 1 ½ Std.
AUBERGINEN-DIP: PORTION ca. 10 kcal
1 g E · 0 g F · 2 g KH
SCHNITTLAUCH-DIP: PORTION ca. 90 kcal
1 g E · 9 g F · 1 g KH
SARDINEN-DIP: PORTION ca. 160 kcal
5 g E · 15 g F · 1 g KH

Meeres-Gelee

ZUTATEN FÜR CA. 20 GLÄSER

- 1 Beutel Götterspeise „Waldmeister" (für ½ l Wasser)
- 100 g + 1 EL Zucker
- 5 Fruchtgummi-Fische
- 4–5 EL Wodka
- 6 Blatt weiße Gelatine
- 100 ml Blue Curaçao
- 400 ml Prosecco
- 100 g Schlagsahne · 1 TL Vanillin-Zucker
- 20 kleine Einweggläser (à ca. 100 ml)

1 Geleepulver und 100 g Zucker im Topf mischen. ½ l Wasser einrühren. Unter Rühren erhitzen, bis alles gelöst ist (nicht kochen!). Als Erkennungszeichen für alkoholfreies Gelee in 5 Gläser die Fische verteilen. Die Hälfte Gelee-Flüssigkeit einfüllen. Rest mit Wodka verrühren und in 5 weitere Gläser gießen.

2 Gelatine kalt einweichen. Curaçao, Prosecco und 1 EL Zucker verrühren. Gelatine ausdrücken, bei milder Hitze auflösen, nach und nach Prosecco unterrühren. In 10 Gläser verteilen. Alles abkühlen. Mind. 5 Stunden kalt stellen.

3 Sahne halbsteif schlagen, dabei Vanillin-Zucker einrieseln lassen. Als „Schaumkrone" in einige Gläser füllen.

ZUBEREITUNGSZEIT ca. 30 Min.
AUSKÜHLZEIT mind. 5 ½ Std.
GLAS ca. 100 kcal
1 g E · 2 g F · 10 g KH

Gut geplant

AM VORTAG

- Dessert zubereiten.
- Dips anrühren.
- Brot-Taue backen.
- Nudeln und Bulgur für die Salate kochen.

MORGENS

- Nudel- und Bulgur-Salat fertigstellen.
- Fleisch-Gemüse-Spieße vorbereiten.

1 STUNDE VORHER

- Kräuter-Lachs-Kartoffeln machen.
- Fleisch-Gemüse-Spieße braten.

AN GETRÄNKE DENKEN

- Im Trend: coole Bier-Mixgetränke oder ein Mix aus Wodka und Frucht.

Filet mit Backpflaumen und Wirsing

ZUTATEN FÜR 4 PERSONEN

- 1 kleiner Wirsing (ca. 800 g)
- 2 Möhren (ca. 200 g)
- 2 mittelgroße Zwiebeln
- 800 g Kartoffeln
- 2 Schweinefilets (à ca. 300 g)
- Pfeffer • Salz
- 100 g halbweiche Trockenpflaumen
- 125–150 g Frühstücksspeck in dünnen Scheiben (Bacon)
- 2 EL Öl
- 1½–2 TL klare Brühe
- 2 EL Butter/Margarine
- ca. 2 EL dunkler Soßenbinder
- evtl. Majoran zum Garnieren

1 Kohl putzen, waschen, vierteln und den Strunk entfernen. Kohl in Streifen schneiden. Möhren schälen, waschen und würfeln. Zwiebeln schälen und würfeln. Kartoffeln schälen und waschen.

2 Filets trocken tupfen. Jeweils längs etwas einschneiden, mit Pfeffer würzen und mit Pflaumen füllen. Filets mit Speck umwickeln.

3 Filets im heißen Öl rundherum kräftig 6–8 Minuten anbraten. Die Hälfte Zwiebeln kurz mitbräunen. Ca. ⅜ l Wasser angießen, 1 TL Brühe einrühren, aufkochen. Filets zugedeckt 15–20 Minuten schmoren.

4 Fett erhitzen und restliche Zwiebeln darin andünsten. Möhren und Wirsing kurz andünsten. Mit Salz und Pfeffer würzen. ¼ l Wasser und ½–1 TL Brühe einrühren. Alles zugedeckt ca. 20 Minuten garen. Kartoffeln zugedeckt in Salzwasser ca. 20 Minuten kochen.

5 Die Filets warm stellen. Bratenfond mit Soßenbinder leicht binden. Soße und Wirsing abschmecken.

6 Kurz vor dem Servieren Filets in Scheiben schneiden. Auf dem Wirsing anrichten und mit Majoran garnieren. Die Soße und Kartoffeln dazureichen. **Getränk:** kühles Bier.

ZUBEREITUNGSZEIT ca. 1¼ Std.
PORTION ca. 600 kcal
48 g E · 22 g F · 48 g KH

Saftige Sonntagsbraten

Ihre Lieben sitzen wie von selbst am Tisch? Dann haben Sie vermutlich einen dieser herrlich duftenden Braten im Ofen

Lendchen im Strudelblatt

ZUTATEN FÜR 4 PERSONEN

- 2 Packungen (à 120 g) Strudelteig (Kühlregal)
- 2 Schweinefilets (à ca. 400 g)
- Pfeffer • Salz
- 8 dünne Scheiben Frühstücksspeck (Bacon)
- 1 EL Öl
- 5 EL Mandelkerne (mit Haut)
- je ½ Bund Petersilie und Thymian
- 5 EL Butter
- 4 EL Paniermehl
- 250 g Pfifferlinge
- 1 Zwiebel
- Backpapier

1 Strudelteigblätter (in der Packung) ca. 10 Minuten bei Raumtemperatur ruhen lassen. Filets trocken tupfen, mit Pfeffer und evtl. Salz würzen. Mit je 4 Speckscheiben umwickeln. Filets im heißen Öl rundherum anbraten, herausnehmen (Bratfett aufheben).

2 Mandeln hacken. Kräuter waschen, hacken und mit Mandeln mischen. 2 EL Butter schmelzen. 4 Strudelblätter entfalten, über Kreuz aufeinanderlegen, dabei je mit wenig flüssiger Butter bestreichen. Teigmitte in Größe eines Filets mit 2 EL Paniermehl bestreuen. Hälfte Mandelmischung daraufstreuen. 1 Filet daraufsetzen und einrollen. Übriges Filet ebenso einrollen. Alle auf ein mit Backpapier ausgelegtes Backblech setzen und mit Rest flüssiger Butter bestreichen.

3 Im vorgeheizten Backofen (E-Herd: 200 °C/Umluft: 175 °C/Gas: Stufe 3) ca. 25 Minuten backen.

4 Pilze putzen, evtl. waschen. Zwiebel schälen und hacken. Beides im heißen Bratfett braten, mit Salz und Pfeffer würzen. 3 EL Butter zufügen, kurz aufschäumen. Strudel in Scheiben schneiden. Dazu passt Broccoli-Möhren-Gemüse. **Getränk:** kühler Rosé- oder Weißwein.

ZUBEREITUNGSZEIT ca. 1 Std.
PORTION ca. 740 kcal
55 g E · 35 g F · 45 g KH

Rinderschulter in Biersoße

ZUTATEN FÜR 6–8 PERSONEN

- 3 Möhren
- 3 Zwiebeln
- 1,8–2 kg Rinderschulter
- Salz • Pfeffer
- 2 EL Butterschmalz
- 1–2 Lorbeerblätter
- 1–2 EL Tomatenmark
- 1 Flasche (0,33 l) dunkles Bier
  (z. B. Schwarzbier)
- 5–6 Stiele Thymian
- 3 EL Butter/Margarine
- 1 Packung (750 g) Kloßteig (Kühlregal)
- evtl. 4 EL dunkler Soßenbinder

1 Möhren schälen und waschen. Zwiebeln schälen. Möhren und 2 Zwiebeln in Stücke schneiden. Fleisch waschen, trocken tupfen und würzen.

2 Butterschmalz im großen Bräter erhitzen. Fleisch darin rundherum kräftig anbraten. Möhren, Zwiebelstücke und Lorbeer kurz mitbraten. Tomatenmark mit anschwitzen.

3 Mit Bier ablöschen, zugedeckt im vorgeheizten Backofen (E-Herd: 175 °C/ Umluft: 150 °C/Gas: Stufe 2) ca. 3 ½ Stunden schmoren. Nach ca. 1 Stunde nach und nach ½–¾ l Wasser angießen.

4 1 Zwiebel fein würfeln. Thymian waschen und abzupfen. Beides in 1 EL heißem Fett anbraten. Etwas abkühlen lassen. Mit Salz und Pfeffer unter den Kloßteig kneten. Teig zur Rolle (ca. 5 cm Ø) formen und in ca. 1 cm dicke Taler schneiden. In 2 EL heißem Fett von jeder Seite 2–3 Minuten braten.

5 Braten herausnehmen und kurz ruhen lassen. Bratenfond bei starker Hitze ca. 5 Minuten einkochen. Evtl. leicht andicken, abschmecken. Alles anrichten. Dazu passt Rosenkohl.
Getränk: kühles Schwarzbier.

ZUBEREITUNGSZEIT ca. 4 Std.
PORTION ca. 480 kcal
46 g E · 19 g F · 26 g KH

Würziger Krustenbraten

ZUTATEN FÜR 4–6 PERSONEN

- 2 Zwiebeln
- 1–2 Möhren
- 1 kleine Stange Porree (Lauch)
- 100 g Champignons
- 3–4 Stiele Thymian
- 2,5 kg Schweineschulter
  (die Schwarte evtl. schon vom
  Fleischer einschneiden lassen)
- Salz • Pfeffer
- 2–3 EL mittelscharfer Senf
- 1–2 Lorbeerblätter
- 2–3 TL klare Fleischbrühe
- 2–3 EL Mehl

1 Zwiebeln und Möhren schälen. Porree und Pilze putzen. Gemüse (bis auf die Zwiebeln) waschen, in grobe Stücke schneiden. Thymian waschen, hacken.

2 Fleisch waschen, trocken tupfen. Evtl. Schwarte rautenförmig einschneiden. Die Fleischseiten mit Salz und Pfeffer würzen und mit Senf einstreichen. Das Fleisch mit der Schwarte nach oben in einen großen Bräter legen. Gemüse, Zwiebeln, Thymian und Lorbeer drumherum verteilen. Das Gemüse mit etwas Salz und Pfeffer würzen. Im vorgeheizten Backofen (E-Herd: 175 °C/Umluft: 150 °C/Gas: Stufe 2) ca. 3 ½ Stunden braten.

3 Brühe in gut 1 l heißem Wasser auflösen. Nach ca. 45 Minuten, wenn das Gemüse zu bräunen beginnt, nach und nach angießen. Braten ab und zu mit dem Bratfond beschöpfen. Ca. 10 Minuten vor Bratzeitende Ofen hochschalten (E-Herd: 225 °C/Umluft: 200 °C/Gas: Stufe 4) und die Schwarte mit kaltem, stark gesalzenem Wasser bestreichen.

4 Braten herausnehmen und warm stellen. Den Fond durchsieben und entfetten. Bratensatz – auch am Rand – mit etwas heißem Wasser lösen. Dann zum Fond gießen und alles aufkochen. Mehl in etwas kaltem Wasser glatt rühren und die Soße damit binden. Ca. 5 Minuten köcheln und mit Salz, Pfeffer und etwas Senf abschmecken.

Getränk: kühles Weizenbier.

ZUBEREITUNGSZEIT ca. 4 ½ Std.
PORTION ca. 510 kcal
54 g E · 30 g F · 3 g KH

Roastbeef
mit Joghurt-Dip

ZUTATEN FÜR 6–8 PERSONEN

- 1,5–2 kg Roastbeef
- 3–4 EL Öl
- Salz • Pfeffer
- 1,5–2 kg festkochende Kartoffeln
- 1 Zwiebel
- 75 g geräucherter durchwachsener Speck
- 250 g Schmand
- 500 g Vollmilch-Joghurt
- je 1 Bund Petersilie und Schnittlauch
- 1 Bund Radieschen
- 1 Bund Lauchzwiebeln

1 Fleisch trocken tupfen. In 2 EL heißem Öl rundherum kräftig anbraten. Mit Salz und Pfeffer würzen. Auf der Fettpfanne im vorgeheizten Backofen (E-Herd: 80 °C/Umluft und Gas: nicht geeignet) ca. 4 Stunden braten.

2 Kartoffeln waschen und zugedeckt ca. 20 Minuten kochen. Abschrecken, schälen und abkühlen lassen. Zwiebel schälen und hacken. Speck würfeln.

3 Schmand und Joghurt glatt rühren. Kräuter waschen, hacken bzw. fein schneiden. Radieschen und Lauchzwiebeln putzen, waschen. Radieschen in Stifte, Lauchzwiebeln in feine Ringe schneiden. Je etwas Gemüse und Kräuter zum Bestreuen beiseite legen. Den Rest unter den Joghurt-Dip rühren, mit Salz und Pfeffer abschmecken.

4 Speck in einer großen beschichteten Pfanne knusprig braten. Zwiebel mitdünsten. Alles herausnehmen. 1–2 EL Öl im Speckfett erhitzen. Kartoffeln in Scheiben schneiden und darin portionsweise goldbraun braten, würzen. Zwiebel und Speck zufügen. Roastbeef aufschneiden, mit Dip und Bratkartoffeln anrichten. Mit Rest Gemüse und Kräutern bestreuen. **Getränk:** kühles Bier.

ZUBEREITUNGSZEIT ca. 4 ¼ Std.
PORTION ca. 600 kcal
50 g E · 28 g F · 34 g KH

Lammkeule auf Pionier-Art

ZUTATEN FÜR 6 PERSONEN

- 1 Zwiebel
- 2 Knoblauchzehen
- 2 TL Senf
- 2 EL Tomatenketchup
- 1 EL brauner Zucker
- Salz • Pfeffer
- 1 Lammkeule (mit Knochen; 1,5 kg)
- 2 Zweige Rosmarin
- 1,5 kg Süßkartoffeln oder Kartoffeln
- grobes Salz • Cayennepfeffer
- 200 ml trockener Rotwein
- 1 Glas (400 ml) Lammfond
- 1 EL Gemüsebrühe
- 3–4 EL dunkler Soßenbinder

1 Zwiebel und Knoblauch schälen, fein würfeln. Senf, Ketchup, Zucker, Zwiebel und Knoblauch verrühren. Mit Salz und Pfeffer würzen. Keule waschen, überschüssiges Fett abschneiden. Fleisch mit der Würzpaste bestreichen und auf die Fettpfanne setzen. Im vorgeheizten Backofen (E-Herd: 175 °C/Umluft: 150 °C/Gas: Stufe 2) ca. 2 ½ Stunden braten.

2 Rosmarin waschen. Nadeln, bis auf einige zum Garnieren, abzupfen und hacken. Kartoffeln schälen, waschen und in Scheiben schneiden. Mit grobem Salz, Cayennepfeffer und Rosmarin mischen. Ca. 40 Minuten vor Ende der Bratzeit um die Keule verteilen.

3 Keule und Kartoffeln herausnehmen, warm stellen. Bratensatz mit Wein lösen. Mit Lammfond und Brühe im Topf aufkochen und kurz köcheln. Mit Soßenbinder binden, abschmecken. Alles anrichten und mit Rosmarin garnieren. Dazu schmecken grüne Bohnen.
Getränk: kräftiger Rotwein.

ZUBEREITUNGSZEIT ca. 3 Std.
PORTION ca. 710 kcal
39 g E · 26 g F · 71 g KH

Lammkeule …

bekommt man frisch oder tiefgekühlt. Keine Angst: Das Fleisch der bis zu 1 Jahr alten Tiere schmeckt inzwischen sehr mild. Damit das zarte Fleisch nicht trocken wird, bei möglichst wenig Temperatur garen.

Wirsing-Hackbraten mit Käsekruste

ZUTATEN FÜR 4–6 PERSONEN

- 1 Brötchen (vom Vortag)
- 1 Wirsing (ca. 1,2 kg)
- Salz • Pfeffer • Muskat
- 1 Zwiebel
- 750 g gemischtes Hack
- 1 Ei
- ½ TL getrockneter Majoran
- 1 EL mittelscharfer Senf
- etwas + 3 EL Butter/Margarine
- 8 dünne Scheiben Frühstücksspeck (Bacon)
- 3 gestrichene EL Mehl
- ¼ l Milch
- 1 TL Gemüsebrühe
- 125 g geriebener Gouda
- evtl. Alufolie

1 Brötchen einweichen. Wirsing putzen, 8–10 große Blätter ablösen und waschen. In reichlich kochendem Salzwasser 2–3 Minuten vorgaren. Abschrecken und trocken tupfen. Dicke Blattrippen flach schneiden (Rest Wirsing als Beilage in Butter schmoren).

2 Zwiebel schälen und hacken. Mit Hack, Ei, ausgedrücktem Brötchen, Majoran, Senf, Salz und Pfeffer verkneten. Zum Laib formen und in eine große gefettete Auflaufform setzen.

3 Hackbraten mit Wirsingblättern bedecken, dabei mit wenig Salz und Pfeffer würzen. Speck darauflegen. Im vorgeheizten Backofen (E-Herd: 175 °C/Umluft: 150 °C/Gas: Stufe 2) ca. 50 Minuten braten (evtl. gegen Ende mit Alufolie abdecken).

4 3 EL Fett erhitzen. Mehl darin anschwitzen. Milch, ¼ l Wasser und Brühe einrühren. Aufkochen und ca. 5 Minuten köcheln. Ca. ¾ Käse darin schmelzen. Mit Salz, Pfeffer und Muskat abschmecken.

5 Käsesoße über den Braten gießen, mit übrigem Käse bestreuen. Bei 200 °C (Umluft: 175 °C/Gas: Stufe 3) 20–30 Minuten überbacken. Dazu passen Butterwirsing und Kartoffelpüree.
Getränk: kühles Bier.

ZUBEREITUNGSZEIT ca. 1 ¾ Std.
PORTION ca. 640 kcal
43 g E · 43 g F · 16 g KH

Kutschertopf mit
Kräuterschmand

... mit Ziegenkäse
& Kürbis

Radieschen-Mett

Pikante
Brotzeit

Apfel-
Leberwurstcreme

Käse & Feigen

Herzhafte Landhausküche

Kutschertopf, Brotzeit, Flammkuchen – von diesen rustikalen Schlemmereien sind Ihre Gäste ganz aus dem Häuschen!

Vanillecreme mit Apfel & Pflaume

Gefüllte Party-Brötchen

Linsen-Wurstsalat mit Honig-Senfsoße

... mit Schinken & Rucola

Zweierlei Flammkuchen ...

Landhausparty

Pikante Brotzeit

ZUTATEN

- 1 kleiner Apfel • 3 TL Zitronensaft
- einige Stiele Thymian
- 200 g geräucherte feine Kalbsleberwurst
- 3 TL Calvados (franz. Apfelbrand)
- 1–2 EL Schlagsahne
- 3 EL Röstzwiebeln (Packung)
- 1 kleine Zwiebel • ½ Bund Schnittlauch
- 6–8 Radieschen
- 200 g Schweinemett
- 2–3 EL Kapern (Glas)
- 150 g Bergkäse (Stück)
- 4 kleine frische Feigen
- 2–3 EL Feigensenf
- 1 Bauernbrot (500 g)

1 **Apfel-Leberwurstcreme:** Apfel waschen, vierteln und entkernen. ¼ fein würfeln, mit 1 TL Zitrone beträufeln. Rest schälen, fein würfeln und mit 2 TL Zitrone mischen. Thymian waschen, abzupfen. Leberwurst mit Calvados und Sahne verrühren. Geschälte Apfelwürfel, Thymian und 2 EL Röstzwiebeln untermischen. Anrichten, mit Rest Apfelwürfeln und Röstzwiebeln bestreuen.

2 **Radieschen-Mett:** Zwiebel schälen und hacken. Schnittlauch waschen und fein schneiden. Radieschen putzen, waschen und in feine Stifte schneiden. Mett mit Zwiebel, Schnittlauch und Kapern verkneten. Mett anrichten und mit Radieschen bestreuen.

3 **Käse und Feigen:** Käse in dünne Scheiben hobeln. Feigen waschen, in Spalten schneiden. Beides mit Senf anrichten. Brot in Scheiben schneiden und dritteln. Zu Käse und Aufstrichen servieren.

ZUBEREITUNGSZEIT ca. 45 Min.
PORTION ca. 370 kcal
16 g E · 18 g F · 33 g KH

Kutschertopf mit Kräuterschmand

ZUTATEN

- 2 kg Zwiebeln • 2 Knoblauchzehen
- 2 kg Rindfleisch (Keule)
- 2–3 EL Butterschmalz oder Öl
- Salz • Pfeffer • 3 EL Mehl
- Edelsüß-Paprika • 2 EL Tomatenmark
- ½ l Malzbier
- 2 Lorbeerblätter • 1 Bund Schnittlauch
- 400 g Schmand

1 Zwiebeln und Knoblauch schälen, grob hacken. Fleisch waschen, trocken tupfen und in grobe Würfel schneiden.

2 Fleisch portionsweise im heißen Butterschmalz anbraten. Zwiebeln und Knoblauch mitbraten. Mit Salz und Pfeffer würzen. Mehl und Paprika darüberstäuben, anschwitzen. Tomatenmark, Malzbier und 1 ½ l heißes Wasser einrühren. Lorbeer zufügen, alles aufkochen.

3 Zugedeckt im vorgeheizten Backofen (E-Herd: 200 °C/Umluft: 175 °C/Gas: Stufe 3) ca. 2 Stunden schmoren. 2 x umrühren, evtl. etwas Wasser nachgießen.

4 Schnittlauch waschen und fein schneiden. Mit Schmand verrühren. Abschmecken. Schmand extra reichen.

ZUBEREITUNGSZEIT ca. 2 ¾ Std.
PORTION ca. 360 kcal
47 g E · 10 g F · 17 g KH

Linsen-Wurstsalat mit Honig-Senfsoße

ZUTATEN

- 500 g braune Linsen
  (z. B. Padina-Linsen)
- 1 große Zwiebel
- 6 EL Öl
- 500 g Möhren
- 250 g Fleischwurst (Ring)
- 6–8 EL Weinessig
- Salz • Pfeffer
- 2 EL flüssiger Honig
- 4 EL Dijonnaise (Senfcreme)
- ½ Bund Petersilie

1 Linsen waschen und abtropfen lassen. Zwiebel schälen, fein würfeln. Beides in 2 EL heißem Öl ca. 3 Minuten andünsten. ¾ l Wasser angießen und aufkochen. Zugedeckt 25–30 Minuten köcheln.

2 Möhren schälen, waschen und würfeln. Nach ca. 15 Minuten zu den Linsen geben. Alles abtropfen lassen und mind. 30 Minuten abkühlen lassen.

3 Von der Wurst Haut abziehen. Wurst in dünne Scheiben schneiden. Essig, Salz, Pfeffer, Honig und Dijonnaise verrühren. 4 EL Öl langsam darunterschlagen. Alles unter die Linsen heben. Mind. 30 Minuten ziehen lassen. Salat anrichten. Petersilie waschen, hacken und darüberstreuen.

ZUBEREITUNGSZEIT ca. 35 Min.
ABKÜHLZEIT mind. 30 Min.
MARINIERZEIT mind. 30 Min.
PORTION ca. 340 kcal
15 g E · 16 g F · 32 g KH

Gut geplant

AM VORTAG
- Linsen-Wurstsalat, Kutschertopf und Kompott fürs Dessert zubereiten.

MORGENS
- Leberwurstcreme, Radieschen-Mett, Käse & Feigen zubereiten.

- Dessert ohne Verzierung fertigstellen.

3 STUNDEN VORHER
- Flammkuchen auf Blech bzw. Backpapier vorbereiten.

1 STUNDE VORHER
- Kutschertopf bei 175 °C im Backofen erhitzen.

½ STUNDE VORHER
- Flammkuchen backen.
- Würstchen etc. braten, warm stellen.
- Brötchen aufbacken und frisch füllen.

Alles reicht für 8–10 Personen

Zweierlei Flammkuchen

ZUTATEN FÜR JE 8–12 STÜCKE

• 500 g Kürbis (z. B. Hokkaido)
• 1–2 Bund/Töpfchen Thymian
• 200 g Ziegenfrischkäse
• 6 EL Schlagsahne
• Salz • Pfeffer
• 2 Packungen (à 400 g) frischer
  Blech-Pizzateig (Kühlregal)
• etwas Mehl
• 100 g Rucola (Rauke)
• 1 Zwiebel
• 250 g Crème fraîche
• 200–250 g Schinkenwürfel
• Backpapier

1 **Mit Ziegenkäse & Kürbis:** Kürbis halbieren, in Spalten schneiden und entkernen. Dann schälen und fein würfeln. Thymian waschen abzupfen. Käse und Sahne glatt rühren. Mit Salz, Pfeffer und der Hälfte Thymian würzen.

2 1 Teig entrollen, quer halbieren. Auf 2 mit Backpapier ausgelegte Bleche legen. Mit bemehlten Händen größer ziehen (ca. 26 x 32 cm).

3 Teig mit Käse bestreichen. Kürbis und Rest Thymian daraufgeben. Bleche nacheinander im vorgeheizten Backofen (E-Herd: 225 °C/Umluft: 200 °C/Gas: Stufe 4) 10–12 Minuten backen.

4 **Mit Schinken & Rucola:** Rucola putzen, waschen und kleiner zupfen. Zwiebel schälen und hacken. Zweiten Teig entrollen und wie unter Punkt 2 vorbereiten. Mit Crème fraîche bestreichen. Zwiebel- und Schinkenwürfel darauf verteilen und wie unter Punkt 3 backen. Mit

Rucola belegen. Flammkuchen in Stücke teilen. Schmeckt warm und kalt.

ZUBEREITUNGSZEIT ca. 45 Min.
BACKZEIT PRO BLECH 10–12 Min.
STÜCK (KÄSE) ca. 150 kcal
5 g E · 5 g F · 21 g KH
STÜCK (SCHINKEN) ca. 230 kcal
8 g E · 13 g F · 19 g KH

Gefüllte Party-Brötchen

ZUTATEN FÜR 15 STÜCK

• 1 Packung (600 g; 15 Stück)
  TK-Mini-Party-Brötchen (s. Tipp)
• 1 Packung (300 g) Nürnberger
  Rostbratwürstchen
• 1–2 EL Öl
• 5 Scheiben (ca. 300 g)
  Leber- oder Fleischkäse
• 300 g kleine Cabanossi
• ½ Bund Schnittlauch
• 6 Stiele Petersilie
• 2–3 Gewürzgurken (Glas)
• 500 g Krautsalat
• 250 g Remoulade
• evtl. Radieschen

1 Brötchen im vorgeheizten Backofen (E-Herd: 220 °C/Umluft: 200 °C/Gas: Stufe 3–4) 8–10 Minuten backen. Bratwürstchen im heißen Öl rundherum ca. 5 Minuten, Leberkäse pro Seite ca. 2 Minuten braten.

2 Cabanossi in Scheiben schneiden. Kräuter waschen, trocken schütteln und fein schneiden. Gurken in Scheiben schneiden. Krautsalat abtropfen lassen.

3 Brötchen aufschneiden, mit Remoulade bestreichen und mit Krautsalat belegen. Auf 5 Brötchen Bratwürstchen und Hälfte Gurke und auf 5 Fleischkäse verteilen. Übrige mit Cabanossi und Rest Gurke belegen. Alle mit Kräutern bestreuen. Radieschen dazureichen.

ZUBEREITUNGSZEIT ca. 40 Min.
STÜCK ca. 430 kcal
14 g E · 29 g F · 25 g KH

Einkaufs-Tipp

Sie können auch frische Party-Brötchen nehmen (beim Bäcker vorbestellen). Oder Sie kaufen 5–6 gemischte Brötchen normaler Größe und halbieren sie quer.

Vanillecreme mit Apfel & Pflaume

ZUTATEN

• 2 Päckchen Puddingpulver „Vanille"
  (zum Kochen; für je ½ l Milch)
• 9 EL Zucker
• 1,2 l Milch
• 600 g Pflaumen/Zwetschen
• 2 gestrichene EL Speisestärke
• 200 ml Traubensaft
• 1 Zimtstange
• 2 Päckchen Vanillin-Zucker
• 600 g Äpfel
• Schale und Saft von ½ Bio-Zitrone
• 200 ml Apfelsaft
• 75 g Löffelbiskuits
• 3 EL Mandelblättchen
• 200 g Schlagsahne
• Frischhaltefolie

1 Puddingpulver, 5 EL Zucker und 200 ml Milch glatt rühren. Rest Milch aufkochen. Puddingpulver einrühren, aufkochen und unter Rühren ca. 1 Minute köcheln. Mit Folie bedeckt (damit sich keine Haut bildet) auskühlen lassen.

2 Pflaumen waschen und entsteinen. 1 EL Stärke mit 5 EL Traubensaft glatt rühren. Rest Saft, Zimt, 2 EL Zucker und 1 Vanillin-Zucker aufkochen. Pflaumen darin 2–3 Minuten köcheln. Mit angerührter Stärke binden. Auskühlen lassen. Öfter umrühren.

3 Äpfel schälen, vierteln und entkernen. In Stücke schneiden und mit Zitronensaft mischen. 1 EL Stärke mit 5 EL Apfelsaft glatt rühren. Restlichen Saft, Zitronenschale, 1 Vanillin-Zucker und 2 EL Zucker aufkochen. Äpfel darin ca. 5 Minuten köcheln. Mit angerührter Stärke binden. Auskühlen lassen. Zwischendurch umrühren.

4 Biskuits grob zerbröseln. Mit Mandeln in einer Pfanne ohne Fett goldbraun rösten. Auskühlen lassen. Sahne steif schlagen. Pudding glatt rühren, Sahne unterheben. Etwa ⅔ Puddingcreme in 8–10 Gläser verteilen. Die Hälfte Bröselmischung daraufstreuen. In je 4–5 Gläser Apfel- bzw. Pflaumenkompott verteilen. Mit dem übrigen Pudding und Rest Bröselmischung verzieren.

ZUBEREITUNGSZEIT ca. 1 Std.
AUSKÜHLZEIT mind. 2 Std.
PORTION ca. 360 kcal
6 g E · 14 g F · 51 g KH

119

Knusprige Ofenchips mit Dips

Gemüseplatte mit Fisch-Dips

Stippen & dippen erlaubt!

Party-Bällchen mit drei Soßen

Schnitzelnuggets mit Guacamole

Dreierlei Mayonnaise

Hiervon ein bisschen, davon ein wenig – bei diesen leckeren Häppchen und Soßen ist Naschen erwünscht!

Käsestangen mit Sesam-Dip

Aïoli, Tapenade und Anchoïade

Knusprige Ofenchips mit Dips

ZUTATEN FÜR 4 PERSONEN

- 1 kg Kartoffeln (festkochend)
- 3 EL + etwas Öl
- Salz • Pfeffer
- 3 EL (75 g) Salat-Mayonnaise
- 300 g Vollmilch-Joghurt
- 100–125 g Schmand
- 1–2 TL Senf • 1–2 TL Essig
- 1 EL Röstzwiebeln (Packung)
- 200 g Tomatenpaprika (Glas)
- Edelsüß-Paprika
- einige Stiele Petersilie
- 2 Tomaten • 1 Knoblauchzehe
- 2–3 TL Sesam
- ca. 1 TL grobes Salz

1 Kartoffeln waschen, in dicke Scheiben schneiden. Mit 3 EL Öl mischen. Auf ein geöltes Blech geben. Kartoffeln salzen. Im vorgeheizten Backofen (E-Herd: 225 °C/Umluft: 200 °C/Gas: Stufe 4) ca. 20 Minuten backen. Öfter wenden.

2 Mayonnaise, Joghurt und Schmand verrühren. Masse dritteln. ⅓ mit Senf, Essig, Salz und Pfeffer würzen. Röstzwiebeln darüberstreuen.

3 Paprika abtropfen lassen, würfeln. Unter ⅓ Creme rühren, abschmecken.

4 Petersilie waschen, hacken. Tomaten waschen und würfeln. Knoblauch schälen und in Rest Creme pressen. Tomaten, Petersilie und Sesam unterrühren. Mit Salz und Pfeffer abschmecken. Kartoffeln mit grobem Salz bestreuen und mit den drei Dips anrichten.
Getränk: kühles Bier.

ZUBEREITUNGSZEIT ca. 45 Min.
PORTION ca. 500 kcal
10 g E · 25 g F · 54 g KH

Gemüseplatte mit Fisch-Dips

ZUTATEN FÜR 4–6 PERSONEN

- 1 Dose (200 g) Thunfisch
- 1 kleine Zwiebel
- 4-6 EL Mayonnaise
- 150 g Vollmilch-Joghurt
- 2 EL Kapern (Glas)
- Salz • Pfeffer
- je 1 rote, grüne und gelbe
  Paprikaschote
- 125 g geräucherte
  Forellenfilets
- 100 g Rahm-Frischkäse
- 5 EL stichfeste saure Sahne
- 12 große Champignons
- 350 g Staudensellerie
- ½ Salatgurke • 2–3 Möhren
- einige Stiele Petersilie
- 3 EL Forellen-Kaviar

1 **Paprika mit Thunfisch-Dip:** Thunfisch abtropfen lassen. Zwiebel schälen und würfeln. Beides mit Mayonnaise, Joghurt und Kapern pürieren, abschmecken. Paprika putzen, waschen, halbieren. Je 1 rote, grüne und gelbe Hälfte mit Thunfischcreme füllen.

2 **Pilze mit Forellen-Dip:** Forellen, Frischkäse und saure Sahne pürieren, würzen. Pilze waschen, Stiele herausdrehen. Pilze mit der Forellencreme füllen.

3 Rest Paprika in Streifen schneiden. Rest Gemüse putzen, waschen und in grobe Stifte schneiden. Petersilie waschen, abzupfen. Alles anrichten. Pilze mit Kaviar und Petersilie garnieren. Dazu: Brot.
Getränk: kühler Weißwein.

ZUBEREITUNGSZEIT ca. 45 Min.
PORTION ca. 250 kcal
14 g E · 18 g F · 7 g KH

Dreierlei Mayonnaise

ZUTATEN FÜR 4 PERSONEN

- 3 Eier • 1 Bund Radieschen
- 1 große Salatgurke
- 3 Paprikaschoten
- je 2–3 Stiele Dill u. Petersilie
- 1 Schalotte
- 2 EL Zitronensaft • 1 TL Senf
- ca. 100 ml Rapsöl
- 200 g Dickmilch
- Salz • Pfeffer
- 1 kleine Dose (85 g)
  Thunfisch naturell
- 2 TL Kapern (Glas)

1 Eier hart kochen. Abschrecken, schälen und auskühlen lassen. Gemüse putzen und waschen. Gurke und Paprika in grobe Stücke schneiden.

2 Kräuter waschen. Schalotte schälen, alles hacken. Eier halbieren, Eigelb herauslösen. 2 Eiweißhälften würfeln (Rest anderweitig verwenden).

3 1 EL Zitronensaft und Senf in einen Rührbecher geben. Eigelb durchs Sieb dazustreichen, glatt rühren. Öl erst tröpfchenweise, dann in dünnem Strahl unter Rühren zugießen. Dickmilch kurz unterrühren. Abschmecken und dritteln.

4 ⅓ Mayonnaise pur lassen. ⅓ mit Kräutern und Eiweiß verrühren. Thunfisch abtropfen. Mit 1 EL Zitronensaft, 1 TL Kapern und 2–3 EL der übrigen Mayonnaise pürieren. Mit 1 TL Kapern und Schalotte unter Rest Mayonnaise rühren, abschmecken. Alles anrichten.
Getränk: kühles Mineralwasser.

ZUBEREITUNGSZEIT ca. 50 Min.
PORTION ca. 330 kcal
10 g E · 28 g F · 8 g KH

Würziges Auberginenmus

ZUTATEN FÜR 4 PERSONEN

- 2–3 Auberginen (ca. 800 g)
- 1–2 Knoblauchzehen
- 1 Glas (370 ml) geröstete
  Paprika oder Tomatenpaprika
- 3 Stiele glatte Petersilie
- 150 g Vollmilch-Joghurt
- Salz • Pfeffer
- 1–2 EL Zitronensaft
- 3–4 EL Öl (z. B. Olivenöl)
- evtl. 1 Bio-Zitronenspalte
- 1 Fladenbrot (ca. 250 g)
- Backpapier

1 Auberginen putzen, waschen, trocken tupfen. Aufs mit Backpapier belegte Blech legen. Öfter einstechen. Im vorgeheizten Ofen (E-Herd: 250 °C/Umluft: 225 °C/Gas: Stufe 5) ca. 40 Minuten backen.

2 Auberginen herausnehmen und etwas abkühlen lassen. Knoblauch schälen und durchpressen. Paprika abtropfen lassen. Petersilie waschen, abzupfen und fein schneiden.

3 Auberginen aufschneiden. Fruchtfleisch mit einem Esslöffel herauskratzen. Mit den Paprika pürieren. Joghurt, Petersilie und Knoblauch unterrühren. Mit Salz, Pfeffer und Zitronensaft abschmecken. Anrichten und mit Öl beträufeln. Mit Zitronenspalte garnieren. Fladenbrot dazureichen.
Getränk: roter Landwein.

ZUBEREITUNGSZEIT ca. 1 Std.
PORTION ca. 250 kcal
7 g E · 10 g F · 31 g KH

Party-Bällchen mit drei Soßen

ZUTATEN FÜR 8–10 PERSONEN

• 3 Brötchen (vom Vortag)
• 2 Zwiebeln • 1 kg gem. Hack
• 4 Eier • Salz • Pfeffer
• 2 EL Senf • 1–2 EL Öl
• 500 g Joghurt
• 300 g leichte Salatcreme
• 1 TL Curry • Edelsüß-Paprika
• 1 Dose (315 ml) Mandarinen
• 1 EL Cognac oder Weinbrand
• 3 EL Tomatenketchup
• etwas Worcestersoße
• 4–5 Cornichons (Glas)
• evtl. Oliven, Mandarinen,
  Cornichons, Silberzwiebeln,
  Spieße und Petersilie

1 Brötchen einweichen. Zwiebeln schälen, hacken. Mit Hack, ausgedrückten Brötchen, 2 Eiern, Salz, Pfeffer und Senf verkneten. Zu ca. 30 Bällchen formen. Im heißen Öl rundherum ca. 10 Minuten braten.

2 2 Eier hart kochen. Abschrecken, schälen, abkühlen. Joghurt und Salatcreme verrühren. Würzen, dritteln.

3 **Mandarinen-Dip:** 1 Portion mit Curry und abgetropften Mandarinen verrühren.

4 **Cocktailsoße:** 1 Portion mit Cognac und Ketchup verrühren. Mit Paprika und Worcestersoße abschmecken.

5 **Remoulade:** Eier und Cornichons hacken. Unter Rest Soße rühren. Mit Worcestersoße abschmecken. Bällchen garnieren. Mit Dips servieren. **Getränk:** kühles Bier.

ZUBEREITUNGSZEIT ca. 1 Std.
PORTION ca. 370 kcal
26 g E · 21 g F · 17 g KH

Schnitzelnuggets mit Guacamole

ZUTATEN FÜR 4 PERSONEN

• 1 Knoblauchzehe
• 1 kleine Zwiebel
• 2 mittelgroße Tomaten
• 1 reife Avocado
• 2 EL Zitronensaft
• Salz • Pfeffer
• 500 g Schweineschnitzel
• 50 g Tortilla-Chips
• 2 EL Paniermehl
• 2 Eier
• 2–3 EL Öl
• 2 Stiele Petersilie

1 Knoblauch und Zwiebel schälen, hacken. Tomaten waschen, vierteln und entkernen. Fruchtfleisch fein würfeln. Avocado halbieren, Stein entfernen und Fruchtfleisch aus der Schale lösen.

2 Avocado, Zwiebel, Knoblauch und Zitronensaft fein pürieren. Tomatenwürfel, bis auf einige, unterheben. Mit Salz und Pfeffer abschmecken.

3 Schnitzel trocken tupfen und grob würfeln. Chips fein zerbröseln und mit Paniermehl mischen. Eier verquirlen. Fleisch mit Salz und Pfeffer würzen. Erst im Ei, dann in den Chipsbröseln wenden.

4 Öl in einer großen Pfanne erhitzen. Schnitzel darin rundherum 4–5 Minuten braten. Herausnehmen. Petersilie waschen und in feine Streifen schneiden. Dip mit Rest Tomate und Petersilie bestreuen. Mit den Nuggets anrichten. Schmecken warm und kalt. **Getränk:** kühle Saftschorle.

ZUBEREITUNGSZEIT ca. 35 Min.
PORTION ca. 440 kcal
34 g E · 27 g F · 13 g KH

Käsestangen mit Sesam-Dip

ZUTATEN FÜR 6 PERSONEN

• 3 Scheiben (à 75 g)
  TK-Blätterteig
• 75 g Gouda (Stück)
• 1 Eigelb • 5–6 EL Milch
• 100 g stichfeste saure Sahne
• 200 g Magerquark
• 1 Knoblauchzehe
• 2–3 Lauchzwiebeln
• 1 EL Sesam
• Salz • Pfeffer
• Backpapier

1 Teigplatten nebeneinanderlegen und auftauen lassen. Käse reiben. Eigelb und 1 EL Milch verrühren.

2 Platten längs in ca. 2 cm breite Streifen schneiden (ergibt ca. 15 Stück). Je zur Spirale drehen und auf ein mit Backpapier belegtes Backblech legen. Mit Eigelb bestreichen, mit Käse bestreuen. Im vorgeheizten Ofen (E-Herd: 200 °C/ Umluft: 175 °C/Gas: Stufe 3) ca. 12 Minuten backen.

3 Saure Sahne, Quark und 4–5 EL Milch glatt rühren. Knoblauch schälen, durch eine Presse direkt in den Quark drücken. Lauchzwiebeln putzen, waschen und in Ringe schneiden. Unter den Dip rühren.

4 Sesam ohne Fett rösten, in den Dip rühren. Mit Salz und Pfeffer abschmecken. In einem Schälchen anrichten. Käsestangen dazureichen. **Getränk:** kühler Weißwein.

ZUBEREITUNGSZEIT ca. 30 Min.
AUFTAUZEIT ca. 20 Min.
BACKZEIT ca. 12 Min.
PORTION ca. 420 kcal
19 g E · 27 g F · 23 g KH

Aïoli, Tapenade und Anchoïade

ZUTATEN FÜR 6 PERSONEN

• 1 Scheibe (50 g) Weißbrot
• ca. ¼ l Milch
• 4 Knoblauchzehen
• 2 frische Eigelb
• 3 EL Zitronensaft
• ca. 200 ml + 3 EL + ⅛ l
  Olivenöl • Salz • Pfeffer
• 12 Sardellenfilets (Glas)
• 150 g schwarze Oliven
  ohne Stein • 1 EL Kapern
• 1 EL Cognac · 1 TL Senf
• 1 TL Kräuter der Provence

1 **Aïoli:** Brot in Milch einweichen. 3 Knoblauchzehen schälen, fein zerdrücken. Eigelb und 1 EL Zitronensaft im hohen Rührbecher mit dem Stabmixer cremig rühren. Mit 200 ml Öl nach und nach zur dicken Mayonnaise rühren. Brot ausdrücken und mit dem Knoblauch untermixen. Mit Salz und Pfeffer abschmecken.

2 **Tapenade:** 2 Sardellen abtupfen. Mit Oliven, Kapern, Cognac, Senf und 1 EL Zitronensaft pürieren. Abschmecken.

3 **Anchoïade:** 10 Sardellen abtropfen. 1 Knoblauchzehe schälen, fein zerdrücken. Sardellen in 3 EL heißem Öl unter Rühren schmelzen. Knoblauch und 1 EL Zitronensaft zufügen. Alles pürieren. Kräuter zufügen, würzen und auskühlen lassen. Dazu: z. B. Gemüsesticks, Artischockenherzen, Salami, Eihälften, Ziegenkäsetaler und Baguette. **Getränk:** Rosé und Pernod.

ZUBEREITUNGSZEIT ca. 1 Std.
AUSKÜHLZEIT ca. 1 Std.
PORTION ca. 230 kcal
2 g E · 23 g F · 2 g KH

Lauch-Quiches mit Käse

Überbackene Brotspieße

124

Einladung zu Käse & Wein

Diese Käse-Köstlichkeiten sind goldrichtig für die gemütliche Runde. Dazu ein Gläschen Vino – und der Abend ist perfekt

Geflügel-Töpfchen „Winzerin"

Geflügel-Töpfchen „Winzerin"

ZUTATEN

- 50 g Mehl
- 50 g + etwas weiche Butter
- 16–20 dünne Scheiben Frühstücksspeck (Bacon)
- 8 kleine Hähnchenfilets (ca. 1 kg)
- Salz • Pfeffer • 2–3 EL Öl
- 400 ml trockener Weißwein
- 250 g Schlagsahne
- 250 g Butterkäse (Stück)
- 2 mittelgroße Tomaten

1 Mehl und 50 g Butter verkneten, kalt stellen. Speck längs halbieren. Filets waschen, trocken tupfen und würzen. In je 4–5 Scheiben schneiden, mit Speck umwickeln.

2 Fleisch im heißen Öl portionsweise goldbraun braten. Herausnehmen. Bratfett mit Wein, ¼ l Wasser und Sahne ablöschen, aufkochen. Etwas köcheln. Mehlbutter in Flöckchen einrühren. Ca. 5 Minuten köcheln, abschmecken.

3 Fleisch und Soße in 8 kleine gefettete ofenfeste Förmchen oder 1 große Auflaufform verteilen. Käse reiben und darüberstreuen. Im vorgeheizten Backofen (E-Herd: 225 °C/Umluft: 200 °C/Gas: Stufe 4) 10–15 Minuten überbacken.

4 Tomaten waschen, vierteln, entkernen und würfeln. Über die Geflügel-Töpfchen streuen. Dazu passt Bauernbrot.
Getränk: kühler Weißwein.

ZUBEREITUNGSZEIT ca. 50 Min.
PORTION ca. 570 kcal
40 g E · 37 g F · 7 g KH

Gut geplant

AM VORTAG

- Lauch-Quiches backen.

MORGENS

- Geflügel-Töpfchen vorbereiten und einschichten.
- Brotspieße vorbereiten.
- evtl. Filet à la Cordon bleu und Spinat-Crespelle vorbereiten.

½ STUNDE VORHER

- Alles nacheinander, oder bei Umluft mehreres übereinander, überbacken. Quiches evtl. aufwärmen.
- Zwiebelringe braten, mit Kräutern über die Brotspieße streuen.

Alles reicht für 8 Personen

Lauch-Quiches mit Käse

ZUTATEN

- 200 g + etwas Mehl
- 125 g gemahlene Haselnüsse
- Salz • Muskat
- 5 Eier (Gr. M)
- 150 g kalte + etwas weiche Butter
- 1 Bund Lauchzwiebeln
- 150 g Bergkäse (Stück)
- 200–250 g Schmand

1 200 g Mehl, Nüsse, 1 Prise Salz, 1 Ei und 150 g Butter in Stückchen glatt verkneten. Ca. 30 Minuten kalt stellen. 8 Tartelettförmchen (10 cm Ø) fetten.

2 Lauchzwiebeln putzen, waschen und in Ringe schneiden. Käse entrinden, grob raspeln. Schmand und 4 Eier glatt verrühren. Alles unterrühren. Mit 1 Prise Salz und Muskat würzen.

3 Teig zur Rolle formen und in 8 Stücke teilen. Jeweils auf etwas Mehl rund (ca. 13 cm Ø) ausrollen. Förmchen damit auslegen, am Rand andrücken.

4 Masse in die Förmchen verteilen. Im vorgeheizten Backofen (E-Herd: 200 °C/Umluft: 175 °C/Gas: Stufe 3) auf der untersten Schiene (Gas s. Herdhersteller) 20–30 Minuten backen. Schmecken warm und kalt.
Getränk: trockener Rotwein.

ZUBEREITUNGSZEIT ca. 30 Min.
KÜHLZEIT ca. 30 Min.
BACKZEIT 20–30 Min.
STÜCK ca. 550 kcal
16 g E · 42 g F · 23 g KH

Überbackene Brotspieße

ZUTATEN

- 200 g Camembert (50 % Fett)
- 200 g Blauschimmelkäse
- 200 g Raclette-Käse (Stück)
- 2 Laugenbrötchen
- 2 Körnerbrötchen
- 1 Baguette (ca. 250 g)
- 125 g Kräuterbutter
- Edelsüß-Paprika
- 1 große Zwiebel
- 1–2 TL Öl
- je etwas glatte Petersilie und Rucola (Rauke)
- 8 Metallspieße
- Backpapier

1 Camembert und Blauschimmelkäse in Scheiben schneiden. Raclette-Käse entrinden, grob reiben. Brötchen und Brot in insgesamt 24 Scheiben schneiden.

2 Je 3 verschiedene Brotsorten durch die Kruste auf Spieße stecken. Mit Butter bestreichen und mit Käse belegen. Camembert mit Paprika bestreuen. Auf 2 mit Backpapier ausgelegte Bleche legen. Im vorgeheizten Backofen (E-Herd: 225 °C/Umluft: 200 °C/Gas: Stufe 4) ca. 10 Minuten überbacken.

3 Zwiebel schälen und in feine Ringe schneiden oder hobeln. Im heißen Öl braten. Petersilie und Rucola waschen, grob hacken, über die Spieße streuen.
Getränk: kühler Weißwein.

ZUBEREITUNGSZEIT ca. 30 Min.
STÜCK ca. 530 kcal
23 g E · 34 g F · 29 g KH

Filet à la Cordon bleu

ZUTATEN FÜR 8 PERSONEN

- 4 Schweinefilets (à ca. 250 g)
- 2 EL Öl • Salz • Pfeffer
- 3–4 Stiele Thymian
- 2–3 Zweige Rosmarin
- 3 Scheiben Toastbrot
- 8 große dünne Scheiben (250 g) gekochter Schinken
- 4 große dünne Scheiben (ca. 200 g) Gouda oder Edamer
- 3 EL Butter • Holzspießchen

1 Filets trocken tupfen und im heißen Öl 10–15 Minuten braten. Mit Salz und Pfeffer würzen. Etwas abkühlen lassen.

2 Kräuter waschen und fein hacken. Brot entrinden und grob zerbröseln.

3 Je 2 Scheiben Schinken etwas überlappend nebeneinanderlegen. Jeweils 1 Scheibe Käse darauflegen. Filets darin einwickeln und mit Holzspießchen feststecken. Im heißen Bratfett kurz anbraten und auf die Fettpfanne setzen.

4 Brotbrösel in heißer Butter goldbraun rösten. Gehackte Kräuter untermischen. Auf dem Fleisch verteilen, andrücken.

5 Im vorgeheizten Backofen (E-Herd: 200 °C/Umluft: 175 °C/Gas: Stufe 3) 10–15 Minuten backen. Alles anrichten. Dazu schmecken ein grüner Salat und frisches Baguette.
Getränk: kühler Roséwein.

ZUBEREITUNGSZEIT ca. 1 Std.
PORTION ca. 360 kcal
43 g E · 17 g F · 6 g KH

Spinat-Crespelle mit Feta

ZUTATEN FÜR 6 PERSONEN

- 150 g Mehl
- 4 Eier • ¼ l Milch
- Salz • Pfeffer
- 1 kg Blattspinat
- 200–250 g Champignons
- 1 Zwiebel • 2 Knoblauchzehen
- 2 EL Öl
- 6–8 TL + etwas Butter
- 200–250 g Fetakäse
- 1–2 Tomaten
- 75–100 g Hartkäse
  (z. B. Grana Padano; Stück)

1 Mehl, Eier, Milch und 1 Prise Salz zum glatten Pfannkuchenteig verrühren. 10–15 Minuten quellen lassen.

2 Inzwischen Spinat putzen, waschen und abtropfen lassen. Pilze putzen, waschen und klein schneiden. Zwiebel und Knoblauch schälen, fein würfeln.

3 Öl im großen Topf erhitzen. Zwiebel, Knoblauch und Pilze darin andünsten. Spinat zufügen und zugedeckt zusammenfallen lassen. Würzen.

4 6–8 TL Butter portionsweise in einer großen Pfanne erhitzen. Darin aus dem Teig nacheinander 6–8 dünne Pfannkuchen backen.

5 Auflaufform (ca. 20 x 30 cm) fetten. Spinat auf die Pfannkuchen verteilen. Feta fein zerbröseln und ca. ¾ davon auf den Spinat streuen. Aufrollen, in ca. 2 cm dicke Scheiben schneiden und dachziegelartig in die Form schichten. Tomaten waschen, in dünne Spalten schneiden und darauflegen. Käse reiben und mit Rest Feta darüberstreuen.

6 Crespelle im vorgeheizten Backofen (E-Herd: 200 °C/Umluft: 175 °C/Gas: Stufe 3) 15–20 Minuten überbacken.
Getränk: roter Landwein.

ZUBEREITUNGSZEIT ca. 1 ¼ Std.
PORTION ca. 410 kcal
24 g E · 23 g F · 23 g KH

Das passt auch noch dazu

Spinat-Crespelle mit Feta

Filet à la Cordon bleu

Röstkartoffelsalat
mit Bacon

Kürbis-
Hähnchen-Curry

Würzige
„Hack-Finger"

128

Lustige Grusel-Party

An diesen leckeren „Schockern" haben nicht nur Kids ihren Spaß! Auch große Gruselfans feiern kräftig mit

Grün-weißer „Glibbergeist"

Spinnen-Cookies

Tomaten-Paprika-Dip

Blue-Cheese-Dip

Feuriger „Knochenhaufen"

Kürbis-Hähnchen-Curry

ZUTATEN

• 750 g Hähnchenbrustfilet
• 1,5 kg Kürbis (z. B. Hokkaido)
• 500 g Möhren
• 2 Stangen Porree (ca. 400 g; Lauch)
• 3 mittelgroße Zwiebeln
• 2 EL Öl • Salz • Pfeffer
• 1 gehäufter EL Mehl
• 1–2 EL Curry
• 200 g Schlagsahne
• 2–3 EL Hühnerbrühe

1 Fleisch waschen, trocken tupfen und würfeln. Kürbis vierteln, entkernen und evtl. schälen. In ca. 2 cm große Würfel schneiden. Möhren und Porree putzen, waschen. Beides in Scheiben schneiden. Zwiebeln schälen und fein würfeln.

2 Fleisch im heißen Öl portionsweise goldbraun anbraten. Mit Salz und Pfeffer würzen, herausnehmen. Gemüse im Bratfett ca. 10 Minuten dünsten. Mehl und Curry darüberstäuben, unter Rühren kurz anschwitzen.

3 Gut 1 l Wasser, Sahne und Brühe einrühren. Aufkochen und zugedeckt ca. 20 Minuten köcheln. Hähnchen nach ca. 10 Minuten zugeben und fertig garen. Mit Salz und Pfeffer abschmecken.

ZUBEREITUNGSZEIT ca. 1 ¼ Std.
PORTION ca. 370 kcal
33 g E · 16 g F · 21 g KH

Röstkartoffelsalat mit Bacon

ZUTATEN

• 2 kg kleine Kartoffeln
• 7–8 EL Öl
• ca. ½ TL Cayennepfeffer
• 1 TL Edelsüß-Paprika
• Salz • Pfeffer • etwas Zucker
• 4 EL Weißwein-Essig
• 150 g Bacon (Frühstücksspeck)
• 1 kleiner Eisbergsalat
• 300 g Kirschtomaten
• 200 g Sour Cream
• 300 g Vollmilch-Joghurt
• 1 Bund Schnittlauch

1 Kartoffeln schälen, waschen und vierteln. Mit 4 EL Öl, Cayennepfeffer, Edelsüß-Paprika, Salz und Pfeffer mischen. Auf dem Backblech verteilen. Im vorgeheizten Backofen (E-Herd: 200 °C/Umluft: 175 °C/Gas: Stufe 3) 40–50 Minuten rösten, ab und zu wenden. Auskühlen.

2 Essig, Salz, Pfeffer, Zucker und 3–4 EL Öl verschlagen. Kartoffeln untermischen, mind. 30 Minuten ziehen lassen.

3 Bacon knusprig braten. Salat putzen, waschen und in Streifen schneiden. Tomaten waschen, halbieren. Bacon zerbröckeln. Alles mit den Kartoffeln mischen. Mit Salz und Pfeffer würzen.

4 Sour Cream und Joghurt glatt rühren. Schnittlauch waschen, fein schneiden und unterrühren. Auf den Salat geben.

ZUBEREITUNGSZEIT ca. 1 ¼ Std.
MARINIERZEIT mind. 30 Min.
AUSKÜHLZEIT ca. 1 Std.
PORTION ca. 290 kcal
8 g E · 15 g F · 28 g KH

Würzige „Hack-Finger"

ZUTATEN FÜR CA. 24 STÜCK

• 1 Brötchen (vom Vortag)
• 1 mittelgroße Zwiebel
• 400 g Rinderhack
• 400 g Mett
• 1 Ei
• 1 EL mittelscharfer Senf
• Salz • Pfeffer • Edelsüß-Paprika
• Öl fürs Blech
• ca. 12 Mandelkerne ohne Haut
• 3–4 EL Tomatenketchup

1 Brötchen einweichen. Zwiebel schälen, hacken. Brötchen ausdrücken. Beides mit Hack, Mett, Ei, Senf verkneten, würzen. Zu ca. 24 fingerlangen Rollen formen. Auf ein geöltes Backblech legen.

2 Mandeln längs halbieren. Als Fingernagel auf jede Rolle drücken. Im vorgeheizten Backofen (E-Herd: 200 °C/Umluft: 175 °C/Gas: Stufe 3) 20–25 Minuten braten. Abkühlen. Ketchup dazureichen.

ZUBEREITUNGSZEIT ca. 50 Min.
STÜCK ca. 100 kcal
8 g E · 7 g F · 1 g KH

Feuriger „Knochenhaufen"

ZUTATEN

• 3 kg Spareribs (Schweinerippchen)
• Salz • Pfeffer • 2–4 EL Rum
• 6 EL Aprikosen-Konfitüre
• 4–6 EL Tomatenketchup
• 3 EL Öl • Tabasco
• Salatblätter zum Garnieren

1 Rippchen mit Salzwasser bedeckt ca. 40 Minuten köcheln, dabei öfter abschäumen.

2 Rum, Konfitüre, Ketchup und Öl verrühren. Mit Salz, Pfeffer und Tabasco würzen.

3 Fleisch in einzelne Rippchen teilen. Auf eine Fettpfanne legen. Rundherum mit der Marinade bestreichen. Im vorgeheizten Backofen (E-Herd: 200 °C/Umluft: 175 °C/Gas: Stufe 3) 30–40 Minuten braten. Nach ca. 20 Minuten wenden. Auf Salat anrichten.

ZUBEREITUNGSZEIT ca. 1 ¾ Std.
PORTION ca. 250 kcal
18 g E · 17 g F · 3 g KH

Alles reicht für 8–10 Personen

Tomaten-Paprika-Dip

ZUTATEN
• 2 rote Paprikaschoten
• 4 mittelgroße Tomaten
• 1 Bund Lauchzwiebeln
• 1 Knoblauchzehe
• 4–6 EL Tomatenketchup
• Salz • Pfeffer

Paprika, Tomaten und Lauchzwiebeln putzen, waschen und fein würfeln. Knoblauch schälen, hacken. Alles mit Ketchup verrühren und abschmecken.

ZUBEREITUNGSZEIT ca. 10 Min.
PORTION ca. 20 kcal
1 g E · 0 g F · 4 g KH

Blue-Cheese-Dip

ZUTATEN
• 150 g Blauschimmel-Käse
• 400 g Rahm-Frischkäse
• 10 EL Milch • Salz • Pfeffer

Käse fein würfeln. Mit Frischkäse und Milch verrühren. Mit Salz und Pfeffer abschmecken.

ZUBEREITUNGSZEIT ca. 5 Min.
PORTION ca. 180 kcal
6 g E · 16 g F · 2 g KH

Schrecklich lecker: Vampir-Bowle

1 l **Blutorangensaft** und die Scheiben von **2 Bio-Orangen** und **1 -Zitrone** in ein Bowlegefäß geben. Reichlich **Eiswürfel** und **Melisseblättchen** zugeben, mit **gut gekühlter Cola** oder **prickelndem Mineralwasser** auffüllen.

Grün-weißer „Glibbergeist"

ZUTATEN
• 2 Päckchen Puddingpulver „Vanille" (für je ½ l Milch; zum Kochen)
• 80 g + 200 g Zucker
• 1 l Milch
• 1 Packung Götterspeise „Waldmeister" (2 Beutel, für je ½ l Wasser)
• 1 Glas (500 g) rote Grütze
• ca. ⅛ l Kirschsaft

1 Puddingpulver, 80 g Zucker und 200 ml Milch glatt rühren. Restliche Milch aufkochen. Angerührtes Puddingpulver einrühren, nochmals aufkochen und unter Rühren ca. 1 Minute köcheln.

2 Geisterform (ca. 2 l Inhalt; 30 cm lang) kalt ausspülen. Den heißen Pudding einfüllen, abkühlen lassen. Dann ca. 1 Stunde kalt stellen.

3 Götterspeise in einem Topf mit ½ l kaltem Wasser anrühren und 5 Minuten quellen lassen. 200 g Zucker zufügen. Unter Rühren erhitzen, bis alles gelöst ist (nicht kochen!). Gelee mit (nur!) 300 ml kaltem Wasser verrühren und in eine Schüssel gießen. Ca. 30 Minuten abkühlen lassen. Das flüssige Gelee auf dem Pudding verteilen und über Nacht kalt stellen.

4 Pudding stürzen. Rote Grütze mit Kirschsaft etwas dünner rühren und dazureichen.

ZUBEREITUNGSZEIT ca. 30 Min.
KÜHLZEIT ca. 13 Std.
PORTION ca. 280 kcal
5 g E · 4 g F · 53 g KH

Spinnen-Cookies

ZUTATEN FÜR 10–12 COOKIES
• 125 g ungesalzene Erdnüsse
• 150 g Zartbitter-Schokolade
• 200 g Mehl
• 1 TL (5 g) Kakao
• ½ TL Backpulver
• 125 g weiche Butter
• 75 g brauner Zucker • 75 g Zucker
• 1 Päckchen Vanillin-Zucker
• Salz • 1 Ei (Gr. M)
• 100 g Puderzucker
• 1 EL Zitronensaft
• 350–400 g Nussnougat-Creme
• Fruchtgummi-Schnüre und Lakritz-Katzenpfötchen zum Verzieren

1 Nüsse fein, Schokolade grob hacken. Mehl, Kakao und Backpulver mischen. Butter, braunen, weißen, Vanillin-Zucker und 1 Prise Salz ca. 10 Minuten cremig rühren. Ei unterrühren. Die Mehlmischung kurz unterrühren, dann Nüsse und gehackte Schokolade unterheben.

2 20–24 Cookies (à ca. 5 cm Ø) formen. Im vorgeheizten Backofen (E-Herd: 200 °C/Umluft: 175 °C/Gas: Stufe 3) ca. 10 Minuten backen. Auskühlen lassen.

3 Puderzucker, Saft und ca. 1 EL Wasser zum dicken Guss verrühren. Hälfte Kekse mit Nougat bestreichen. Andere Hälfte mit Spinnennetzen oder Gesichtern aus Guss und Lakritz verzieren. Als Deckel auf die Nougat-Kekse legen. Schnüre als Spinnenbeine dazwischen stecken. Trocknen.

ZUBEREITUNGSZEIT ca. 1 Std.
BACKZEIT ca. 10 Min.
AUSKÜHLZEIT ca. 30 Min.
STÜCK ca. 510 kcal
8 g E · 27 g F · 56 g KH

Gut geplant

AM VORTAG
• Cookies backen.
• Pudding zubereiten.
• Hack-Finger braten.

MORGENS
• Rippchen kochen und portionieren.
• Röstkartoffelsalat zubereiten.
• Curry kochen (evtl. 5 Minuten Garzeit weniger rechnen).

• Sour Cream und Dips rühren.

KURZ VORHER
• Rippchen knusprig braten.
• Curry erhitzen.

AN GETRÄNKE DENKEN
• Zum gruseligen Buffet passen eine Bowle (s. links), Schwarzbier, Malzbier und blutrote Fruchtsäfte oder Tomatensaft.

Gefüllte Omelett-Röllchen

ZUTATEN FÜR 20 STÜCK

- 8 Eier
- 8 EL Mineralwasser mit Kohlensäure
- Salz • Pfeffer
- 4 TL Öl
- 4 EL geriebener Parmesan
- 6 gehäufte TL grüner Pesto (Glas)
- 4–6 Scheiben Parmaschinken
- 125 g Mozzarella
- ½ Bund/Töpfchen Basilikum
- 6 gehäufte TL roter Pesto (Glas)
- Holzspießchen/Partyspieße

1 Eier, Wasser, Salz und Pfeffer verquirlen. 1 TL Öl in einer beschichteten Pfanne (ca. 20 cm Ø) erhitzen. ¼ Eimasse hineingießen. Bei mittlerer Hitze etwas stocken lassen. 1 EL Parmesan darüberstreuen und stocken lassen, bis es oben fest ist. Omelett vorsichtig wenden und weitere 2 Minuten braten. Herausnehmen. Auf gleiche Weise 3 weitere Omeletts backen, abkühlen lassen.

2 2 Omeletts mit grünem Pesto bestreichen, mit Schinken belegen, aufrollen. In je 5 schräge Stücke schneiden.

3 Mozzarella in sehr dünne Scheiben schneiden. Basilikum waschen, Blättchen abzupfen. Übrige Omeletts mit rotem Pesto bestreichen. Mit Käse und Basilikum belegen, aufrollen. In jeweils 5 schräge Stücke schneiden. Mit Basilikum garnieren, feststecken.
Getränk: kühles Mineralwasser.

ZUBEREITUNGSZEIT ca. 1 Std.
ABKÜHLZEIT ca. 10 Min.
STÜCK ca. 110 kcal
6 g E · 9 g F · 1 g KH

Wie viel für jeden?

Die Anzahl der Happen richtet sich nach der Art der Feier. Vor einem Menü serviert, reichen 5 Stück pro Person. Wenn es nur Fingerfood gibt, rechnen Sie 10–15 Häppchen pro Kopf. Aber Sie kennen den Appetit Ihrer Gäste am besten. Haben Sie viele „gute Esser" eingeladen, kalkulieren Sie lieber etwas großzügiger.

Fingerfood vom Feinsten

Damit wickeln Sie Ihre Gäste ein: Denn diese verführerischen Häppchen lassen Genießerherzen höherschlagen!

Thunfisch-Salsa zu Tortilla-Chips

ZUTATEN FÜR 4 PERSONEN

- 1–2 Knoblauchzehen
- Saft von 2 Limetten oder 1 Zitrone
- Salz • Pfeffer
- ½–1 TL Zucker (z. B. brauner)
- 2 EL Olivenöl
- 1 kleines Bund Lauchzwiebeln
- 1 Dose (200 g) Thunfisch naturell
- 4–6 reife Tomaten (ca. 500 g)
- evtl. Bio-Limette und Melisse
  zum Garnieren
- ca. 200 g Tortilla-Chips

1 Knoblauch schälen, fein hacken. Mit Limettensaft, Salz, Pfeffer und Zucker verrühren. Öl kräftig darunterschlagen.

2 Lauchzwiebeln putzen, waschen und in feine Ringe schneiden. Thunfisch abtropfen lassen und kleiner zupfen. Tomaten waschen, vierteln und evtl. entkernen. Fruchtfleisch fein würfeln.

3 Alles in einer Schüssel mischen und ca. 10 Minuten durchziehen lassen. Mit Salz und Pfeffer abschmecken. Garnieren und mit den Chips anrichten. **Getränk:** kühles Mineralwasser.

ZUBEREITUNGSZEIT ca. 20 Min.
MARINIERZEIT ca. 10 Min.
PORTION ca. 330 kcal
14 g E · 16 g F · 30 g KH

Variations-Ideen

Ohne Thunfisch schmeckt die Tomaten-Salsa auch als Dip zu Steak und gebratenem Fisch.

Wer gerne scharf isst, kann die Salsa mit Chili, Tabasco oder Cayennepfeffer aufpeppen.

Zweierlei gefüllte Mett-Burger

ZUTATEN FÜR CA. 20 STÜCK

- 2 Brötchen (vom Vortag)
- 2 mittelgroße Zwiebeln
- 1 kg Mett
- 4 Eier (Gr. M)
- Pfeffer • Edelsüß-Paprika
- 2–3 EL Öl
- 3–4 Radieschen
- 2–3 mittelgroße Tomaten
- 3 Scheiben (à 40 g) Gouda
- 3 Stiele Petersilie
- 1–2 EL Röstzwiebeln (Packung)
- ca. 2 EL Tomatenketchup
- ca. 2 EL mittelscharfer Senf
- 50 g Gurkensalat „dänische Art" (Glas)
- ca. 2 EL Remoulade
- evtl. Salatblätter zum Garnieren
- evtl. Papiermanschetten

1 Brötchen einweichen. Zwiebeln schälen, würfeln. Mett, Zwiebeln, ausgedrückte Brötchen, 2 Eier, Pfeffer und Edelsüß-Paprika verkneten. Zu ca. 20 flachen Frikadellen formen.

2 Öl portionsweise in einer großen Pfanne erhitzen. Frikadellen darin pro Seite 4–6 Minuten braten. Herausnehmen.

3 2 Eier hart kochen. Abschrecken, schälen und abkühlen. Radieschen und Tomaten putzen, waschen und in Scheiben schneiden. Käsescheiben vierteln. Petersilie waschen und abzupfen. Eier in Scheiben schneiden. Frikadellen waagerecht halbieren.

4 Ca. 10 Frikadellenhälften mit Ei, Radieschen, Petersilie und Röstzwiebeln belegen. Ketchup und Senf daraufklecksen. Weitere ca. 10 Hälften mit Tomaten, Käse und Gurken belegen. Remoulade daraufgeben. Übrige Hälften als Deckel darauflegen. Burger mit Salat in Papiermanschetten anrichten.
Getränk: kühles Bier.

ZUBEREITUNGSZEIT ca. 1 Std.
STÜCK ca. 230 kcal
12 g E · 18 g F · 4 g KH

Meerrettich-Lachs-Happen

ZUTATEN FÜR 4 PERSONEN

- 200 g Joghurt-Frischkäse
- 1 EL Meerrettich (Glas)
- 3–4 Stiele Dill
- Salz • Pfeffer
- einige Spritzer Zitronensaft
- 100 g geräucherter Lachs
  in dünnen Scheiben
- 12 Vollkornbrot- oder
  Pumpernickel-Taler (Rolle)
- evtl. Bio-Zitronenschnitze
  zum Garnieren

1 Frischkäse und Meerrettich glatt verrühren. Dill waschen, gut trocken schütteln und, bis auf etwas zum Garnieren, fein schneiden. Unter die Frischkäsecreme rühren. Mit Salz, Pfeffer und Zitronensaft abschmecken.

2 Lachs, bis auf 1 Scheibe, auf die Brottaler verteilen. Creme daraufspritzen oder als Klecks daraufgeben. Übrige Scheibe Lachs in Streifen oder Würfel schneiden. Brottaler mit Lachs, Rest Dill und Zitronenschnitzen garnieren. **Getränk:** kühler Weißwein.

ZUBEREITUNGSZEIT ca. 15 Min.
PORTION ca. 220 kcal
11 g E · 13 g F · 14 g KH

Toast-Taler „Tomate-Mozzarella"

ZUTATEN FÜR 4 PERSONEN

- 200–250 g Champignons
- 2–3 Lauchzwiebeln
- 2–3 EL Öl
- Salz • Pfeffer
- 3–4 EL Weißwein-Essig
- 125 g Mozzarella
- 250 g Tomaten
- je 2–3 Stiele Basilikum und Petersilie
- 4 Scheiben Toastbrot
- 2–3 EL Butter/Margarine

1 Pilze putzen und waschen. 4 Pilze in dünne Scheiben schneiden. Rest fein hacken. Lauchzwiebeln putzen, waschen und in Ringe schneiden.

2 Öl erhitzen. Pilzscheiben darin goldbraun braten, herausnehmen. Gehackte Pilze im Bratfett anbraten. Lauchzwiebeln, bis auf 1 EL, mitbraten. Mit Salz und Pfeffer würzen. Essig zufügen und alles auskühlen lassen.

3 Mozzarella abtropfen. Tomaten waschen, vierteln und entkernen. Beides fein würfeln. Basilikum und Petersilie waschen und, bis auf etwas, in Streifen schneiden. Alles unter die gehackten Pilze mischen. Mit Salz und Pfeffer würzen.

4 Toast diagonal halbieren oder vierteln. Oder Kreise bzw. Ovale ausstechen. Fett in einer Pfanne erhitzen. Toast darin von beiden Seiten goldbraun braten.

5 Tomaten-Mischung auf dem Toast verteilen. Mit Rest Lauchzwiebeln, Pilzscheiben und Kräutern anrichten.
Getränk: roter Landwein.

ZUBEREITUNGSZEIT ca. 35 Min.
PORTION ca. 290 kcal
11 g E · 16 g F · 24 g KH

So schmeckt's auch

Den Salat können Sie statt auf Toast auch in Gläsern anrichten, Grissinistangen dazureichen.

Auch lecker: die Mischung auf geröstetem Ciabatta servieren.

Hähnchenwürfel im Speckmantel

ZUTATEN FÜR 4 PERSONEN

- 2 mittelgroße Tomaten
- 1–2 Lauchzwiebeln
- evtl. 1 kleine Knoblauchzehe
- 150 g Vollmilch-Joghurt
- etwas Zitronensaft
- Salz • Pfeffer
- 6 Scheiben (60 g) Frühstücksspeck
  in dünnen Scheiben (Bacon)
- 250 g Hähnchenfilet
- 1 TL Öl

1 Tomaten waschen, vierteln und entkernen. Das Fruchtfleisch fein würfeln. Lauchzwiebeln putzen, waschen und in Ringe schneiden. Knoblauch schälen und fein würfeln. Alles mit Joghurt verrühren. Mit Zitronensaft, Salz und Pfeffer abschmecken.

2 Speck längs halbieren. Filet waschen, trocken tupfen und in ca. 12 Würfel schneiden. Mit je 1 Speckscheibe umwickeln. Öl in einer Pfanne erhitzen. Hähnchenwürfel darin rundherum 4–5 Minuten knusprig braten. Mit Pfeffer würzen.

3 Hähnchenwürfel mit Dip auf Häppchenlöffeln oder kleinen Tellern anrichten. Dazu schmeckt Baguette. **Getränk:** kühler Weißwein.

ZUBEREITUNGSZEIT ca. 20 Min.
PORTION ca. 190 kcal
21 g E · 9 g F · 4 g KH

Oder aufgespießt

Wenn Sie die Hähnchenwürfel nicht auf Löffeln servieren möchten: auf Holzspießchen stecken, den Dip in ein Schälchen füllen und beides zusammen anrichten.

Knusprige Hack-„Zigarren"

ZUTATEN FÜR CA. 24 STÜCK

- 1 Dose (212 ml) Maiskörner
- 1 kleines Bund Suppengrün
- 1 Knoblauchzehe
- 1–2 Stiele Minze oder glatte Petersilie
- 1 EL Öl (z. B. Olivenöl)
- 250 g Rinderhack
- Salz • Pfeffer
- 1–2 EL Tomatenmark
- 3–4 EL Chilisoße (Flasche)
- 24 dreieckige Yufka-Teigblätter (400 g; gibt's in türkischen Lebensmittelläden; ersatzw. Strudelteig)
- Fett fürs Backblech

1 Mais abtropfen lassen. Möhre und Sellerie schälen, waschen und sehr fein würfeln. Porree putzen, waschen und fein schneiden. Knoblauch schälen, Minze waschen und beides hacken.

2 Öl in einer Pfanne erhitzen. Hack darin krümelig braten. Mit Salz und Pfeffer würzen. Knoblauch, Gemüse und Mais zugeben und alles ca. 5 Minuten weiterbraten. Tomatenmark, Chilisoße und Minze einrühren. Mit Salz und Pfeffer abschmecken.

3 Jeweils ca. 1 EL Hackmasse als Streifen auf die untere Seite eines Teigblattes setzen. Teig zur Spitze hin aufrollen und auf ein gefettetes Backblech legen. Im vorgeheizten Backofen (E-Herd: 200 °C/Umluft: 175 °C/Gas: Stufe 3) 15–18 Minuten goldbraun backen, zwischendurch einmal wenden.
Getränk: roter Landwein.

ZUBEREITUNGSZEIT ca. 50 Min.
STÜCK ca. 90 kcal
4 g E · 2 g F · 13 g KH

Bunte Mini-Buletten

ZUTATEN FÜR 4–6 PERSONEN

- 1 Brötchen (vom Vortag)
- 1 mittelgroße Zwiebel
- ½ Bund Schnittlauch
- 600 g gemischtes Hack
- 1 Ei
- 2 TL mittelscharfer Senf
- Salz • Pfeffer
- Edelsüß-Paprika
- 2–4 EL Öl
- 6 Kirschtomaten
- 50–75 g Fetakäse
- 6–12 paprikagefüllte Oliven
- 6 Cornichons (Glas)
- ca. 24 Holzspießchen

1 Brötchen in kaltem Wasser einweichen. Zwiebel schälen und hacken. Schnittlauch waschen und in feine Röllchen schneiden.

2 Brötchen gut ausdrücken. Mit Hack, Ei, Senf, Zwiebel und Schnittlauch verkneten. Masse mit Salz, Pfeffer und Paprika kräftig würzen. Mit angefeuchteten Händen ca. 24 Bällchen formen.

3 1–2 EL Öl in einer großen Pfanne erhitzen. Die Hälfte Hackbällchen darin bei mittlerer Hitze 6–8 Minuten braun braten. Rest Bällchen im übrigen Öl braten.

4 Tomaten waschen. Feta würfeln. Nach Belieben Oliven, Tomaten, Cornichons und Fetawürfel mit Spießchen auf die Hackbällchen stecken.
Getränk: kühles Bier.

ZUBEREITUNGSZEIT ca. 45 Min.
PORTION ca. 370 kcal
24 g E · 27 g F · 6 g KH

Extra-Tipp

Praktisch ist die Zubereitung im Backofen: Dafür die Buletten auf ein mit Backpapier ausgelegtes Blech legen und im vorgeheizten Ofen (E-Herd: 200 °C/Umluft: 175 °C/Gas: Stufe 3) 20–25 Minuten braten.

Käse-Waffelherzen

ZUTATEN FÜR 20–25 HERZEN

- 125 g weiche Butter
- 4 Eier (Gr. M)
- 250 g Mehl
- 2 gestrichene TL Backpulver
- ⅛ l + 5–6 EL Milch
- Salz • Pfeffer
- Öl fürs Waffeleisen
- 50 g Salami in dünnen Scheiben
- 300 g Doppelrahm-Frischkäse
- z. B. Salzmandeln, Pinienkerne,
  Kapern, Chilipulver und Kräuter
  zum Garnieren

1 Butter cremig rühren. Eier nacheinander unterrühren. Mehl und Backpulver mischen und im Wechsel mit ⅛ l Milch kurz unterrühren. Teig mit Salz und Pfeffer würzen.

2 Waffeleisen vorheizen und mit etwas Öl ausstreichen. Aus dem Teig nacheinander 4–5 Waffeln backen.

3 Salami in einer heißen Pfanne ohne Fett knusprig braten. Frischkäse und 5–6 EL Milch glatt rühren. Mit Salz und Pfeffer abschmecken. Waffeln in Herzen zerteilen. Frischkäse in einen Spritzbeutel füllen und daraufspritzen, garnieren.
Getränk: kühler Weißwein.

ZUBEREITUNGSZEIT ca. 45 Min.
STÜCK ca. 130 kcal
4 g E · 9 g F · 8 g KH

141

Porree-Lachs-Pastetchen

ZUTATEN FÜR 12 STÜCK

- 3 Scheiben (à 75 g) TK-Blätterteig
- 1 Stange Porree (Lauch)
- 1 EL Öl
- 250–300 g Lachsfilet
- 1–2 EL Zitronensaft
- 150 g Emmentaler (Stück)
- 3 Eier (Gr. M)
- ¼ l Milch
- Salz • Pfeffer • Muskat
- Fett fürs Blech • etwas Mehl
- evtl. etwas getrockneter Estragon

1 Blätterteig auftauen lassen. Porree putzen, waschen und fein schneiden. Im heißen Öl ca. 3 Minuten dünsten.

2 Lachs waschen, trocken tupfen, würfeln und mit Zitronensaft beträufeln. Käse fein reiben. Eier, Milch, Salz, Pfeffer und Muskat verquirlen.

3 Die Mulden eines Muffinblechs (für 12 Stück) fetten. Teigscheiben aufeinanderlegen, auf einer leicht bemehlten Arbeitsfläche rechteckig (ca. 30 x 40 cm) ausrollen. In 12 Quadrate (ca. 10 x 10 cm) schneiden, Teig in die Mulden legen und etwas andrücken.

4 Lachs mit Salz und Pfeffer würzen. Mit Porree und Estragon mischen. Auf dem Teig verteilen. Eiermilch darübergießen. Mit Käse bestreuen. Im vorgeheizten Backofen (E-Herd: 200 °C/Umluft: 175 °C/Gas: Stufe 3) ca. 30 Minuten backen. Etwas abkühlen lassen, herauslösen. Dazu passt grüner Salat.
Getränk: kühler Weißwein.

ZUBEREITUNGSZEIT ca. 1 Std.
AUFTAUZEIT ca. 15 Min.
STÜCK ca. 220 kcal
12 g E · 15 g F · 8 g KH

Garnelen in Mandelkruste

ZUTATEN FÜR 4 PERSONEN

- 8 küchenfertige Garnelen (ca. 250 g; ohne Kopf, mit Schale; frisch oder TK)
- 1 kleine Zwiebel
- 1 Möhre
- je 1 rote und gelbe Paprikaschote
- 1 kleine Mango
- 2 EL Olivenöl + ½ l Öl
- Salz • grober Pfeffer
- einige Spritzer Limettensaft
- 1 Ei (Gr. M)
- 5 EL Weißwein
- 5 EL Mehl
- 75 g gehackte Mandeln
- evtl. Koriander zum Garnieren

1 TK-Garnelen auftauen lassen. Zwiebel schälen und hacken. Möhre und Paprika schälen bzw. putzen, waschen und fein würfeln. Mango schälen, Fruchtfleisch vom Stein schneiden und ebenfalls fein würfeln.

2 Zwiebel, Möhre und Paprika in 2 EL heißem Öl anbraten. Zugedeckt 2–3 Minuten dünsten. Mango unterheben. Mit Salz, Pfeffer und Limettensaft abschmecken. Etwas abkühlen lassen.

3 Ei, Wein und Mehl glatt rühren, würzen. Garnelen, bis auf die Schwanzflosse, schälen. Am Rücken einschneiden. Dunklen Darm entfernen. Garnelen waschen und trocken tupfen.

4 ½ l Öl in einem hohen Topf auf ca. 180 °C erhitzen. Garnelen durch den Teig ziehen und in Mandeln wenden. Im Öl ca. 5 Minuten frittieren. Abtropfen lassen und mit der Salsa anrichten. Mit Koriander garnieren.
Getränk: kühle Weißweinschorle.

ZUBEREITUNGSZEIT ca. 30 Min.
EVTL. AUFTAUZEIT ca. 4 Std.
PORTION ca. 390 kcal
20 g E · 23 g F · 20 g KH

Schinken-Käse-Ciabatta

Piadina Romagnola

Die originellsten Party-Brote

Tomaten- &
Oliven-Ciabatta

Bauernbrot-Buchteln
mit Teewurst

Würzig gefüllt, lecker belegt oder mit knuspriger Kruste – frisch gebackenes Brot darf auf keiner Fete fehlen

Coca con sobrassada
(Blechkuchen mit Paprikawurst)

145

Schinken-Käse-Ciabatta

ZUTATEN FÜR 4 PERSONEN

- 1 Ciabatta (ca. 300 g)
- 2 Scheiben Gouda (à ca. 40 g)
- 2 Scheiben gekochter Schinken
- 3 TL TK-Petersilie
- 3 Eier
- ¼ l Milch
- Salz • Pfeffer • Zucker
- 1 Mini-Römersalat
- Schale und Saft von ½ Bio-Zitrone
- 2 EL Öl (z. B. Olivenöl)
- evtl. 1 Stiel Salbei
- 2–3 EL Kräuterbutter (Kühlregal)
- evtl. Bio-Zitrone und Basilikum
  zum Garnieren

1 Brotenden abschneiden. Brot in 4 dicke Scheiben schneiden. In jede Scheibe eine Tasche schneiden. Käse entrinden. Käse und Schinken halbieren. Brote mit je ½ Scheibe Schinken, Käse und ½ TL Petersilie füllen.

2 Eier und Milch verquirlen. Mit Salz und Pfeffer würzen. Brotscheiben darin ca. 10 Minuten einweichen. Öfter wenden.

3 Inzwischen Salat putzen, waschen und klein zupfen oder schneiden. Zitronensaft, -schale, Salz, Pfeffer, Zucker und 1 TL Petersilie verrühren. Öl kräftig darunterschlagen.

4 Salbei waschen, Blättchen abzupfen und in Streifen schneiden. Kräuterbutter erhitzen. Salbei darin andünsten, herausnehmen. Brote von jeder Seite ca. 2 Minuten knusprig braten. Mit Salat und Salatsoße anrichten, garnieren.

ZUBEREITUNGSZEIT ca. 45 Min.
PORTION ca. 530 kcal
26 g E · 25 g F · 46 g KH

Piadina Romagnola

ZUTATEN FÜR 6 STÜCK

- 300 g + etwas Mehl
- Salz • 1 TL Natron
- 60 g weiches Schweineschmalz
- 50 g Parmesan (Stück)
- 6 mittelgroße Tomaten
- ca. 100 g Rucola (Rauke)
- 125 g Stracchino (ital. Weichkäse;
  ersatzw. Frischkäse mit Kräutern
  oder Mascarpone)
- je 6 Scheiben Parmaschinken
  und Mortadella

1 300 g Mehl, 1 TL Salz und Natron, Schmalz in Flöckchen und 150 ml Wasser in einer Schüssel zu einem weichen Teig verkneten. In 6 Stücke teilen und auf etwas Mehl rund (à ca. 15 cm Ø) ausrollen. Mehrmals einstechen.

2 Beschichtete Pfanne ohne Fett erhitzen. Teigfladen darin nacheinander von beiden Seiten 5–8 Minuten backen, dabei mehrmals wenden. Warm stellen.

3 Parmesan hobeln. Tomaten waschen und in Scheiben schneiden. Rucola putzen, waschen und abtropfen lassen. Piadina mit Stracchino bestreichen. Nach Belieben mit Tomaten, Rucola, Schinken, Mortadella und Parmesan belegen.

ZUBEREITUNGSZEIT ca. 1 ¼ Std.
STÜCK ca. 510 kcal
16 g E · 32 g F · 37 g KH

Herzhaftes Kartoffelbrot

ZUTATEN FÜR 1 BROT
(CA. 20 SCHEIBEN)

- 250 g Kartoffeln (z. B. mehlig kochende)
- Salz
- 1 Würfel (42 g) frische Hefe
- Zucker
- 500 g Mehl
- 1 TL gemahlener Koriander und/oder
  gemahlener Kümmel
- 150 ml Milch
- Backpapier

1 Kartoffeln schälen, waschen und in Salzwasser ca. 25 Minuten kochen.

2 Hefe zerbröckeln und mit 1 TL Zucker in 50 ml lauwarmem Wasser auflösen. Mehl, ca. 1 TL Salz und Koriander mischen. In die Mitte eine Mulde drücken. Hefe hineingeben und mit etwas Mehlgemisch vom Rand verrühren. Vorteig zugedeckt am warmen Ort ca. 15 Minuten gehen lassen.

3 Milch und 50 ml Wasser lauwarm erwärmen. Kartoffeln abgießen, abdämpfen und durch eine Kartoffelpresse drücken oder fein zerstampfen. Etwas abkühlen lassen. Mit der lauwarmen Flüssigkeit zum Vorteig geben. Alles zum glatten Teig verkneten. Ca. 45 Minuten gehen lassen.

4 Teig nochmals durchkneten und zum Laib formen. Auf einem mit Backpapier ausgelegten Blech weitere ca. 15 Minuten gehen lassen. Im vorgeheizten Backofen (E-Herd: 200 °C/Umluft: 175 °C/Gas: Stufe 3) 45–50 Minuten backen.

ZUBEREITUNGSZEIT ca. 45 Min.
GEHZEIT 1 ¼ Std.
BACKZEIT 45–50 Min.
SCHEIBE ca. 100 kcal
3 g E · 1 g F · 20 g KH

* lässt sich prima einfrieren

Tomaten- & Oliven-Ciabatta

ZUTATEN FÜR 4 BROTE (À CA. 8 SCHEIBEN)

- 1 Würfel (42 g) frische Hefe
- 1 Packung (1 kg) Brotbackmischung „Ciabatta"
- 4 EL Pinienkerne
- 100 g getrocknete Tomaten in Öl (Glas)
- 125 g schwarze Oliven ohne Stein
- etwas Mehl
- Backpapier

1 Hefe in ¾ l lauwarmem Wasser auflösen. Backmischung zufügen und alles mit den Knethaken des Handrührgerätes erst auf niedrigster, dann auf höchster Stufe verkneten. Zugedeckt ca. 30 Minuten gehen lassen.

2 Backblech (ca. 35 x 40 cm) mit Backpapier auslegen. Kerne rösten, herausnehmen. Tomaten abtropfen lassen und würfeln. Oliven in Scheiben schneiden.

3 Teig halbieren. Unter eine Hälfte Oliven, unter die andere Tomaten und Kerne kneten. Teige halbieren, jeweils auf wenig Mehl zu je 2 runden Laiben formen. Auf dem Blech ca. 30 Minuten gehen lassen. Mit etwas Mehl bestäuben. Im vorgeheizten Backofen (E-Herd: 200 °C/ Umluft: 175 °C/Gas: Stufe 3) 30–35 Minuten backen. Dazu schmecken Kräuter-Quark und Thunfisch-Dip (s. Tipp).

ZUBEREITUNGSZEIT ca. 30 Min.
GEHZEIT ca. 1 Std.
BACKZEIT 30–35 Min.
SCHEIBE ca. 90 kcal
3 g E · 2 g F · 15 g KH

✱ lässt sich prima einfrieren

Dazu zwei leckere Dips

Kräuter-Quark: 400 g Sahnejoghurt, 40 g geriebenen Parmesan, 2 EL gehacktes Basilikum und ½ TL getr. Thymian verrühren, mit Salz und Pfeffer würzen.

Thunfisch-Dip: 1 Dose (200 g) Thunfisch mit 1 gehackten Zwiebel, 250 g Pizza-Tomaten (Dose) und abgeriebener Schale v. 1 Bio-Zitrone mischen. Abschmecken.

Bauernbrot-Buchteln mit Teewurst

ZUTATEN FÜR CA. 15 STÜCK

- 1 Packung (500 g) Brotbackmischung mit Hefe „Bauernkruste"
- 2 mittelgroße Zwiebeln
- 1 EL Öl
- 200–250 g grobe Teewurst (z. B. im Becher)
- etwas Mehl
- 50–75 g Gouda (Stück)
- ½ Bund Schnittlauch
- je 4–5 Stiele Dill und Petersilie
- 500 g Magerquark
- 200 g Schmand
- Salz · Pfeffer

1 Backmischung und 340 ml lauwarmes Wasser in einer Schüssel mit den Knethaken des Handrührgerätes auf höchster Stufe ca. 5 Minuten glatt verkneten. Teig zugedeckt an einem warmen Ort ca. 30 Minuten gehen lassen.

2 Zwiebeln schälen und fein würfeln. Im heißen Öl unter Rühren andünsten. Etwas abkühlen lassen und mit der Teewurst verkneten.

3 Teig durchkneten, zur Rolle formen. In ca. 15 Stücke schneiden. Mit bemehlten Händen zu Kugeln formen und dabei je etwa 1 TL Teewurst in die Mitte geben. Buchteln in eine flache Auflaufform oder ofenfeste Pfanne setzen. Zugedeckt ca. 20 Minuten gehen lassen.

4 Buchteln mit etwas Wasser bestreichen. Im vorgeheizten Backofen (E-Herd: 200 °C/Umluft: 175 °C/Gas: Stufe 3) ca. 20 Minuten backen. Käse reiben und nach ca. 10 Minuten darüberstreuen.

5 Kräuter waschen und fein schneiden. Mit Quark und Schmand verrühren und abschmecken. Alles anrichten.

ZUBEREITUNGSZEIT ca. 40 Min.
GEHZEIT ca. 50 Min.
BACKZEIT ca. 20 Min.
STÜCK ca. 210 kcal
15 g E · 6 g F · 23 g KH

Coca con sobrassada (Blechkuchen mit Paprikawurst)

ZUTATEN FÜR CA. 20 STÜCKE

- ½ Würfel (ca. 20 g) frische Hefe
- Zucker
- 500 g + etwas Mehl
- 1 TL Salz
- 2 EL Olivenöl
- evtl. 2 EL trockener Weißwein
- Fett fürs Backblech
- 300 g Sobrassada (spanische Paprikastreichwurst; ersatzw. Chorizo)

1 Hefe zerbröckeln und in ¼ l lauwarmem Wasser mit 1 Prise Zucker auflösen. Mit 500 g Mehl, Salz, Öl, Weißwein oder 2 EL lauwarmem Wasser zu einem glatten Teig verkneten. Zugedeckt an einem warmen Ort ca. 45 Minuten gehen lassen.

2 Teig auf wenig Mehl nochmals kurz durchkneten. Mit etwas Mehl bestäuben und auf einem gefetteten Backblech ausrollen. Mit einer Gabel öfter einstechen. Zugedeckt ca. 15 Minuten weitergehen lassen.

3 Wurst in ca. 20 dicke Scheiben schneiden und auf dem Teig verteilen. Im vorgeheizten Backofen (E-Herd: 200 °C/ Umluft: 175 °C/Gas: Stufe 3) 25–30 Minuten backen. Dazu schmecken Oliven und ein gemischter Salat.

ZUBEREITUNGSZEIT ca. 20 Min.
GEHZEIT ca. 1 Std.
BACKZEIT 25–30 Min.
STÜCK ca. 170 kcal
6 g E · 8 g F · 18 g KH

Vanille-Rum-Waffeln

Orangen-Feigen-Soße

Krokant-Mandeln

Marzipan-Waffeln

Gemütliches Waffelbacken

Nichts geht über frisch gebackene Waffeln, heiße Getränke und ein nettes Pläuschchen an einem Winternachmittag

Würziges Apfelkompott

Limetten-Mascarponecreme

Schoko-Mousse

Marzipan- & Vanille-Rum-Waffeln

ZUTATEN FÜR CA. 20 STÜCK

Grundteig:

- 300 g weiche Butter
- Salz
- 75 g Zucker
- 6 Eier (Gr. M)
- 500 g Mehl
- 2 gestrichene TL Backpulver
- ¼ l Milch
- Fett fürs Waffeleisen
- evtl. Puderzucker zum Bestäuben

Marzipan-Waffeln:

- 100 g Marzipan-Rohmasse
- 3–4 EL Amaretto oder Milch

Vanille-Rum-Waffeln:

- 1 Päckchen Bourbon-Vanillezucker
- 3–4 EL Rum oder Milch

1 Waffelteig: Butter, 1 Prise Salz und Zucker mit den Schneebesen des Handrührgerätes cremig rühren. Eier einzeln unterrühren. Mehl und Backpulver mischen, im Wechsel mit der Milch kurz unterrühren. Teig halbieren.

2 Marzipan-Waffeln: Marzipan grob raspeln. Mit Likör oder Milch unter eine Hälfte Teig rühren.

3 Vanille-Rum-Waffeln: Vanillezucker und Rum unter übrigen Teig rühren.

4 Waffeleisen vorheizen, fetten. Jeweils 2–3 EL Teig in die Mitte des Waffeleisens geben und goldbraun backen. Waffeln im heißen Backofen warm stellen oder direkt bei Tisch backen. Mit Puderzucker bestäuben.

ZUBEREITUNGSZEIT ca. 1 Std.
STÜCK ca. 290 kcal
6 g E · 17 g F · 25 g KH

Würziges Apfelkompott

ZUTATEN

- 1,2 kg Äpfel
- ⅛ l klarer Apfelsaft
- 75 g Zucker
- 1 Stück Schale und Saft von 1 Bio-Zitrone
- 2 Zimtstangen
- 3–5 Sternanis

Äpfel schälen, entkernen und grob würfeln. Mit Apfelsaft, Zucker, Zitronenschale, -saft, Zimt und Anis zugedeckt 8–10 Minuten dünsten. Auskühlen lassen.

ZUBEREITUNGSZEIT ca. 20 Min.
PORTION ca. 130 kcal
1 g E · 1 g F · 28 g KH

Limetten-Mascarponecreme

ZUTATEN

- 500 g Magerquark
- 250 g Mascarpone
- 100 g Zucker
- 2 Päckchen Vanillin-Zucker
- Saft von 2 Limetten
- evtl. Bio-Limette und Minze

Quark, Mascarpone, Zucker, Vanillin-Zucker und Saft cremig verrühren. Mit Limette und Minze verzieren.

ZUBEREITUNGSZEIT ca. 10 Min.
PORTION ca. 250 kcal
10 g E · 14 g F · 18 g KH

Orangen-Feigen-Soße

ZUTATEN

- je 2 Orangen und Feigen
- je ¼ l Orangen- und Kirschsaft
- 3–4 EL (ca. 50 g) Zucker
- 1 Beutel (2 g) Glühwein-Gewürz (Glühfix)
- 1 Päckchen Soßenpulver „Vanille" (zum Kochen; für ½ l Milch)
- evtl. 1 Bio-Orangenscheibe

1 Orangen einschließlich der weißen Haut schälen. Die Filets zwischen den Trennhäuten herauslösen. Trennhäute ausdrücken, Saft auffangen. Feigen waschen und sechsteln. Gesamten Saft und Zucker aufkochen. Würz-Beutel hineinhängen, ca. 4 Minuten ziehen lassen.

2 Soßenpulver und 3–4 EL Wasser glatt rühren. Beutel entfernen und Punsch

nochmals aufkochen. Soßenpulver einrühren, aufkochen und ca. 1 Minute köcheln. Filets und Feigen unterheben. Mit Orangenscheibe verzieren.

ZUBEREITUNGSZEIT ca. 20 Min.
PORTION ca. 90 kcal
1 g E · 0 g F · 20 g KH

Krokant-Mandeln

ZUTATEN

- 150 g Zucker
- ¼–½ TL Lebkuchengewürz
- 200 g Mandelkerne (ohne Haut)
- etwas Öl · Alufolie

Zucker in einer Pfanne goldgelb karamellisieren. Gewürz und Mandeln unterrühren. Sofort auf ein geöltes Stück Alufolie verteilen. Auskühlen lassen. Wenn nötig, die Mandeln auseinanderbrechen.

ZUBEREITUNGSZEIT ca. 15 Min.
AUSKÜHLZEIT mind. 1 Std.
PORTION ca. 230 kcal
5 g E · 14 g F · 20 g KH

Lecker dazu: Glühwein

Neben Kaffee, Tee und Kakao schmeckt an kalten Tagen auch ein Punsch: Für 4 Gläser: **750 ml Rotwein, 100 g braunen Zucker, 1 Bio-Zitrone in Scheiben, 1 Zimtstange, 1 Sternanis** und **1 Beutel Glühwein-Gewürz (Glühfix)** aufkochen. 10 Minuten ziehen lassen. **4 EL Amaretto-Likör** zufügen.

Alles reicht für 8 Personen

Schoko-Mousse

ZUTATEN

• je 100 g Vollmilch- und
  Zartbitter-Schokolade
• 4 Eier (Gr. M)
• 500 g Schlagsahne
• 2 Päckchen Vanillin-Zucker
• 2–3 EL Orangenlikör
• evtl. Schokoröllchen
  und Puderzucker zum Verzieren

1 Schokolade grob hacken. Eier trennen. 125 g Sahne in einem kleinen Topf aufkochen. Schokolade zufügen. Bei schwacher Hitze unter Rühren schmelzen, etwas abkühlen lassen.

2 Eigelb und Vanillin-Zucker im heißen Wasserbad cremig rühren. Die geschmolzene Schokolade unter Rühren einlaufen lassen. Zur dicklichen Creme aufschlagen. Aus dem Wasserbad nehmen, Likör unterrühren. Abkühlen lassen.

3 Eiweiß steif schlagen und portionsweise unterheben. Inzwischen restliche Sahne steif schlagen. Portionsweise unter die Creme heben. In eine Schüssel füllen. Ca. 3 Stunden kühl stellen. Mit Schokoladenröllchen verzieren und mit Puderzucker bestäuben.

ZUBEREITUNGSZEIT ca. 45 Min.
ABKÜHL-/KÜHLZEIT ca. 3½ Std.
PORTION ca. 390 kcal
7 g E · 32 g F · 18 g KH

Schmand-Waffeln mit Kirschen & Eis

ZUTATEN FÜR CA. 20 STÜCK

• 1 Glas (720 ml) Kirschen
• 1 Päckchen Puddingpulver „Vanille"
  (zum Kochen; für ½ l Milch)
• 50 g + 100 g Zucker
• 250 g + etwas weiche Butter/Margarine
• 1 Päckchen Bourbon-Vanillezucker
• Salz • 6 Eier (Gr. M)
• 500 g Mehl • 1 Päckchen Backpulver
• je 250 g Schlagsahne und Schmand
• Puderzucker zum Bestäuben
• 8 Kugeln (ca. 300 ml) Vanille-Eiscreme

1 Kirschen abtropfen lassen, Saft dabei auffangen. Puddingpulver, 50 g Zucker und 6 EL Saft verrühren. 350 ml Wasser und Rest Kirschsaft aufkochen. Puddingpulver einrühren, kurz aufkochen. Kirschen unterheben.

2 250 g Fett, 100 g Zucker, Vanillezucker und 1 Prise Salz cremig rühren. Eier einzeln unterrühren. Mehl und Backpulver mischen, im Wechsel mit Sahne und Schmand kurz unterrühren.

3 Waffeleisen fetten, vorheizen. Je ca. 2 EL Teig in die Mitte des Waffeleisens geben und goldbraun backen. Nacheinander ca. 20 Waffeln backen. Mit Puderzucker bestäuben. Waffeln mit Kirschen und je 1 Kugel Eis anrichten.

ZUBEREITUNGSZEIT ca. 1 Std.
STÜCK ca. 340 kcal
6 g E · 17 g F · 39 g KH

Extra-Tipp

So kann man alle Waffeln gleichzeitig heiß und knusprig servieren: sofort nach dem Backen nebeneinander auf den Rost im vorgeheizten Backofen (100 °C) legen.

Gut geplant

AM VORTAG

• Schoko-Mousse zubereiten.
• Apfel- und evtl. Kirschkompott kochen.
• Mascarponecreme anrühren.

CA. 1 STUNDE VORHER

• Krokant-Mandeln zubereiten.
• Waffelteige anrühren.
• Orangensoße kochen.

KURZ VORHER

• Waffeln backen, evtl. warm stellen.
• evtl. Orangensoße wieder erhitzen.

Leckeres zum Aufgabeln

Fondue ist schon lange ein Dauerbrenner. Wir zeigen Ihnen, wie es neu aufgelegt zum Überraschungs-Hit wird

Brüh-Fondue mit Fisch & Garnelen

Alles reicht für
4 Personen

152

Brüh-Fondue mit Fisch & Garnelen

ZUTATEN

• 2 mittelgroße Zwiebeln

• 5–6 Soft-Aprikosen

• 1 EL Öl • 1 TL Curry

• 500 g stückige Tomaten (Packung)

• etwas Sambal Oelek

• Salz • Pfeffer • 1 TL Weinessig

• 3 Knoblauchzehen

• 300 g Vollmilch-Joghurt

• 3 EL Zitronensaft • 2 TL Senf

• je ½ Bund Dill und Petersilie

• 1 Blumenkohl • 3 Möhren

• 2 kleine Fenchelknollen

• 300 g rohe geschälte Garnelen

• 500 g Rotbarschfilet

• 1 rote Chilischote

• ½ Bund/Töpfchen Koriander

• 1 EL Butter • 5 TL klare Brühe

1 1 Zwiebel schälen. Zwiebel und Aprikosen fein würfeln. Beides im heißen Öl andünsten. Curry kurz mit anschwitzen. Tomaten zufügen und bei schwacher Hitze ca. 15 Minuten köcheln. Mit Sambal, Salz, Pfeffer und Essig abschmecken. Auskühlen lassen.

2 2 Knoblauchzehen schälen und durchpressen. Mit Joghurt, 1 EL Zitronensaft und Senf verrühren. Dill und Petersilie waschen, abzupfen, fein schneiden und unterrühren. Mit Salz und Pfeffer abschmecken.

3 Gemüse putzen bzw. schälen und waschen. Blumenkohl in kleine Röschen teilen. Möhren in Scheiben schneiden. Fenchel halbieren und in Scheiben schneiden. Garnelen und Fisch waschen. Fisch in Stücke schneiden. Mit 2 EL Zitronensaft beträufeln, etwas ziehen lassen.

4 Chili längs einritzen, entkernen, waschen und fein schneiden. Koriander waschen, Blättchen abzupfen. 1 Zwiebel und 1 Knoblauchzehe schälen, fein würfeln. In der heißen Butter andünsten. 1 ½ l Wasser, Brühe, Chili und Koriander zufügen, aufkochen. In den Fonduetopf gießen. Auf ein Rechaud setzen. Alles mit den Soßen anrichten. Bei Tisch Gemüse 8–10 Minuten, Garnelen und Fisch 3–4 Minuten garen. Dazu schmeckt Baguette. **Getränk:** kühler Weißwein.

VORBEREITUNGSZEIT ca. 50 Min.
PORTION ca. 390 kcal
47 g E · 12 g F · 21 g KH

Orientalisches Fondue

ZUTATEN

• 400 ml Gemüsebrühe

• 200 g rote Linsen

• 3 mittelgroße Zwiebeln

• ½ Töpfchen Minze

• 6–8 EL Zitronensaft

• 4 EL Olivenöl • Salz • Pfeffer

• 1 kleiner Kopf Salat

• 150 g Champignons

• 3 Knoblauchzehen

• 250 g Salatgurke

• 250 g Kefir • 250 g Speisequark (20 %)

• 50 g Erdnusskerne

• 2 Lauchzwiebeln

• 5 EL Milch

• 75 g Erdnusscreme

• 500 g gemischtes Hack • 1 Ei

• 1 TL Zimt • Cayennepfeffer

• 500 g Lammlachse
  (ausgelöster Lammrücken)

• ca. 1 l Öl zum Frittieren

1 **Linsensalat:** Brühe aufkochen. Linsen darin 5–6 Minuten garen. Zwiebeln schälen, würfeln. Minze waschen, hacken. Mit Zitronensaft, Öl und ⅓ Zwiebeln verrühren. Mit Salz und Pfeffer würzen. Mit den Linsen mischen. Auskühlen lassen. Salat und Pilze putzen, waschen, klein schneiden und untermischen.

2 **Gurken-Quark:** Knoblauch schälen, hacken. Gurke waschen und raspeln. Beides mit Kefir, Quark und ⅓ Zwiebeln verrühren und abschmecken.

3 **Erdnuss-Dip:** Nüsse hacken, rösten. Lauchzwiebeln waschen und fein schneiden. Beides mit Milch und Erdnusscreme verrühren. Abschmecken.

4 **Hackbällchen:** Hack, ⅓ Zwiebeln, Ei, Zimt, Salz und Cayennepfeffer verkneten. Zu Bällchen formen.

5 Lamm in Scheiben schneiden. Öl im Fonduetopf erhitzen. Fleisch und Bällchen bei Tisch darin brutzeln. Salat und Dips dazureichen. Dazu: Fladenbrot. **Getränk:** kühles Bier und Raki.

VORBEREITUNGSZEIT ca. 1 Std.
PORTION ca. 710 kcal
56 g E · 40 g F · 27 g KH

Alles reicht für 4–6 Personen

Orientalisches Fondue

Geflügel- & Gemüse-Fondue

ZUTATEN

- je 1–2 rote und gelbe Paprika
- 2 mittelgroße Zucchini
- 300 g kleine Champignons
- je 300–400 g Hähnchen-, Enten- und Putenbrustfilet
- 3–4 Putenwiener (à ca. 100 g)
- ca. 1 kg Frittierfett oder 1 l Öl

1 Paprika und Zucchini putzen, waschen. Paprika in Stücke, Zucchini in Scheiben schneiden. Pilze putzen, waschen und trocken tupfen.

2 Fleisch waschen und gut trocken tupfen. Entenhaut mit einem scharfen Messer kreuzweise einritzen. Ente und Hähnchen in Scheiben, Pute in Würfel und Würstchen in Stücke schneiden.

3 Frittierfett im Fonduetopf zunächst auf dem Herd erhitzen. Dann aufs Rechaud stellen. Fleisch und Würstchen 3–6 Minuten und Gemüse 2–3 Minuten darin garen. Dazu schmecken pikante Soßen (s. unten).
Getränk: trockener Rotwein.

VORBEREITUNGSZEIT ca. 40 Min.
PORTION ca. 500 kcal
42 g E · 34 g F · 3 g KH

Asia-Soße

ZUTATEN

- 1 Stück (ca. 20 g) Ingwer
- 1 rote Chilischote
- 2 Knoblauchzehen
- 1 Bio-Limette oder -Zitrone
- 180 g Zucker
- 8 EL Weißwein-Essig
- Salz

Ingwer schälen und reiben. Chili längs einritzen, entkernen, waschen, hacken. Knoblauch schälen, hacken. Limette waschen. Schale abreiben, Saft auspressen. Zucker und Essig aufkochen. Alles darunterrühren und kurz aufkochen. Würzen und abkühlen lassen.

ZUBEREITUNGSZEIT ca. 15 Min.
PORTION ca. 120 kcal
42 g E · 34 g F · 3 g KH

Asia-Soße

Erdnuss-Dip

Sauce Tartare

Alles reicht für 6 Personen

Sauce Tartare

ZUTATEN

- 3 Eier
- 1 Bund Schnittlauch
- je ½ Bund Dill und Petersilie
- 4 kleine Gewürzgurken (Glas)
- 2 EL Weißwein-Essig
- 1 EL Kapern (Glas)
- 100 g Salat-Mayonnaise
- 150 g Vollmilch-Joghurt
- Salz • Pfeffer

Eier hart kochen. Abschrecken, schälen und auskühlen lassen. Kräuter waschen und hacken. Gurken fein würfeln. Eier halbieren. Eigelb herauslösen und mit Essig glatt rühren. Eiweiß und Kapern fein hacken. Eigelb, Mayonnaise und Joghurt verrühren. Vorbereitete Zutaten unterrühren. Abschmecken.

ZUBEREITUNGSZEIT ca. 15 Min.
AUSKÜHLZEIT ca. 30 Min.
PORTION ca. 150 kcal
5 g E · 12 g F · 4 g KH

Schokoladen-Fondue

ZUTATEN

- 1 Dose (425 ml) Aprikosen
- 1 Dose (314 ml) Mandarinen
- 250 g grüne Weintrauben
- 1 Zitrone
- 3 mittelgroße Bananen
- 2 dicke Scheiben Weißbrot
- 100 g Marshmallows
- 6–8 Löffelbiskuits
- je ca. 50 g bunte Zuckerperlen, Haselnusskrokant, gehackte Mandeln, Kokos-Chips und gehackte Pistazien
- 5 Tafeln Schokolade (à 100 g; Zartbitter oder Vollmilch)
- 400 g Schlagsahne

1 Aprikosen und Mandarinen gut abtropfen lassen. Weintrauben waschen, Trauben abzupfen und trocken tupfen. Zitrone auspressen. Bananen schälen und in dicke Scheiben schneiden. Sofort im Zitronensaft wenden, damit sie nicht braun werden.

2 Vorbereitete Früchte in einer großen Schale anrichten. Weißbrot in grobe Würfel schneiden. Brotwürfel, Marshmallows, Löffelbiskuits, Zuckerperlen, Krokant, Mandeln, Kokos-Chips und Pistazien in je ein Schälchen füllen. Schokolade in kleine Stücke schneiden.

3 Sahne in einem Topf bei milder Hitze erwärmen (nicht kochen!). Schokolade in der Sahne unter Rühren schmelzen. In einen Fonduetopf gießen. Auf das angezündete Stövchen stellen.

4 Bei Tisch nach Geschmack ein Stück Obst, einen Marshmallow oder ein Stück Brot auf eine Fonduegabel stecken. In die Schokolade tauchen und etwas abtropfen lassen. Das Aufgespießte nach Belieben in Zuckerperlen, Krokant, Mandeln oder Kokos-Chips wälzen. Löffelbiskuits ebenfalls eintauchen.
Getränk: kühles Mineralwasser.

VORBEREITUNGSZEIT ca. 45 Min.
PORTION ca. 720 kcal
9 g E · 41 g F · 73 g KH

Alles reicht für 6–8 Personen

Erdnuss-Dip

ZUTATEN

- ½–1 rote Chilischote
- 6 gehäufte EL Erdnussbutter (Glas)
- Salz

Chili längs einritzen, entkernen, waschen und fein hacken. Mit 6–8 EL Wasser erhitzen. Erdnussbutter unter Rühren darin schmelzen. Mit Salz abschmecken.

ZUBEREITUNGSZEIT ca. 10 Min.
PORTION ca. 140 kcal
6 g E · 10 g F · 4 g KH

Nettes Treffen zum Raclette

Sie erwarten Gäste und möchten nicht groß kochen? Da ist Raclette ideal, denn jeder brutzelt selbst, was er mag

Feines Fisch-Raclette

Alles reicht für
4 Personen

Feines Fisch-Raclette

ZUTATEN FÜR 4 PERSONEN

- 800 g kleine Kartoffeln
- 500 g Broccoli
- Salz • Pfeffer
- 2 Paprikaschoten (z. B. gelb und rot)
- 2 mittelgroße Zucchini
- 200 g Champignons
- 150 g Dickmilch oder Joghurt
- 2 EL leichte Salatcreme
- 1–2 Knoblauchzehen
- 600 g Zanderfilet (ohne Haut)
- 16 rohe geschälte Garnelen (250–300 g)
- etwas Öl
- 200 g Gouda oder Bergkäse in Scheiben

1 Kartoffeln waschen und zugedeckt ca. 20 Minuten kochen. Abschrecken, schälen und halbieren oder vierteln.

2 Broccoli putzen, waschen und in kleine Röschen teilen. In wenig kochendem Salzwasser zugedeckt 4–5 Minuten dünsten. Abtropfen lassen.

3 Paprika, Zucchini und Pilze putzen, waschen. Paprika in Streifen, Zucchini und Pilze in dünne Scheiben schneiden.

4 Für die Knoblauch-Creme Dickmilch und Salatcreme verrühren. Knoblauch schälen, hineinpressen. Abschmecken.

5 Fisch waschen, trocken tupfen und in Stücke schneiden. Garnelen evtl. entdarmen, waschen und trocken tupfen.

6 Raclette-Grill leicht ölen. Fisch, Garnelen und evtl. Kartoffeln darauf anbraten. Fisch, Garnelen, Gemüse und Kartoffeln in Raclettepfännchen füllen, würzen. Mit Käse belegen und überbacken. Knoblauch-Creme dazureichen. Getränk: kühler Weißwein.

VORBEREITUNGSZEIT ca. 50 Min.
PORTION ca. 520 kcal
65 g E · 9 g F · 41 g KH

Ganz nach Geschmack

In den Raclettepfännchen können Sie auch ganz andere Zutaten kombinieren. Probieren Sie doch mal Kirschtomaten, Lauchzwiebeln, Chicorée, Fenchel, gekochte kurze Nudeln oder gewürfeltes Weißbrot.

Gemüse-Raclette mit Kartoffeln & Nudeln

ZUTATEN FÜR 6–8 PERSONEN

- 1 kg Kartoffeln
- 250 g Nudeln (z. B. Penne)
- Salz • Pfeffer
- 500 g Blumenkohl
- 500 g Broccoli
- je 400 g Möhren, Zucchini und Tomaten
- 250 g Champignons
- 300 g Kräuter-Frischkäse
- 125 g saure Sahne
- 50 g geriebener Gouda
- getrocknete italienische Kräuter
- Curry • Edelsüß-Paprika
- 600–800 g Raclette-Käse in Scheiben

1 Kartoffeln waschen, ca. 20 Minuten kochen. Nudeln in kochendem Salzwasser ca. 10 Minuten garen. Gemüse und Pilze putzen und waschen. Broccoli und Blumenkohl in Röschen teilen, Rest in dünne Scheiben schneiden.

2 Möhren und Blumenkohl in kochendem Salzwasser ca. 10, Broccoli ca. 5 Minuten garen. Frischkäse, Sahne und Gouda verrühren.

3 Gemüse, Nudeln und Kartoffeln abgießen. Kartoffeln schälen und in Scheiben schneiden. Alles anrichten.

4 Bei Tisch Pfännchen beliebig füllen und würzen. Mit Frischkäse-Creme oder Raclette-Käse überbacken. Getränk: kühles Bier.

VORBEREITUNGSZEIT ca. 45 Min.
PORTION ca. 700 kcal
44 g E · 40 g F · 40 g KH

Alles reicht für 6-8 Personen

Gemüse-Raclette mit Kartoffeln & Nudeln

Feldsalat mit Walnüssen

Käsetöpfchen

Herzhaftes Käsefondue

Gabel für Gabel ein Genuss: geschmolzenen Käse, Brot
und Wein – mehr braucht man nicht für einen netten Abend

Käsefondue

Käsetöpfchen

ZUTATEN

- 250 g kleine Kartoffeln
- 200 g kleine Champignons
- 1 reife Birne
- 3 dicke Scheiben Graubrot
- ½ Baguette
- 1 kleine Dose (236 ml) Ananas
- 1 kleines Glas (212 ml) Cornichons
- 1 Knoblauchzehe
- 600 g Raclette-Käse (Stück)
- 150 g Weichkäse mit Blauschimmel
- 300 ml trockener Weißwein
- 2 gestrichene TL Speisestärke
- 100 g Südtiroler Speck und 150 g
  Kochschinken in dünnen Scheiben

1 Kartoffeln waschen und zugedeckt 15–20 Minuten kochen. Inzwischen Pilze putzen und waschen. Birne waschen, entkernen und klein schneiden. Gesamtes Brot würfeln. Ananas und Cornichons abtropfen. Ananas klein schneiden.

2 Knoblauch schälen, halbieren. 4 ofenfeste Schälchen damit ausreiben. Raclette-Käse reiben. 100 g beiseite stellen. Weichkäse entrinden und in Würfel schneiden. Kartoffeln abschrecken und schälen. Warm stellen.

3 Wein und Stärke im Topf glatt rühren, unter Rühren aufkochen. Hitze reduzieren, Käse nach und nach darin schmelzen. Sobald er geschmolzen ist, einmal aufkochen. In die Schälchen füllen und restlichen Käse darüberstreuen. Im vorgeheizten Backofen (E-Herd: 225 °C/Umluft: 200 °C/Gas: Stufe 4) 10–12 Minuten überbacken. Mit vorbereiteten Zutaten, Speck und Schinken anrichten. Dazu passt Laugengebäck.
Getränk: Bier oder Weißwein.

VORBEREITUNGSZEIT ca. 1 ¼ Std.
PORTION ca. 1280 kcal
79 g E · 71 g F · 62 g KH

Alles reicht für 4 Personen

Feldsalat mit Walnüssen

ZUTATEN

- 50 g geräucherter durchwachsener Speck
- 1 mittelgroße Zwiebel
- 8–12 Walnusskerne
- 1 EL Öl
- 4 EL Essig
- Salz · Pfeffer · etwas Thymian
- 200 g Feldsalat

1 Speck fein würfeln. Zwiebel schälen, hacken. Nüsse grob hacken, ohne Fett rösten und herausnehmen. Speck im heißen Öl knusprig braten. Zwiebel mitbräunen. Mit 6–8 EL Wasser und Essig ablöschen. Mit Salz, Pfeffer und Thymian abschmecken. Auskühlen lassen.

2 Salat putzen, waschen und abtropfen. Mit Marinade und Nüssen mischen.

VORBEREITUNGSZEIT ca. 30 Min.
AUSKÜHLZEIT ca. 30 Min.
PORTION ca. 140 kcal
3 g E · 13 g F · 2 g KH

Dieses Dessert passt auch noch dazu

Bratapfelmus mit Joghurt-Haube

Bratapfelmus mit Joghurt-Haube

ZUTATEN FÜR 4 PERSONEN

- 1 kg säuerliche Äpfel (z. B. Boskop)
- Saft von 1 Zitrone
- 1 EL Butter für die Form
- ¼ l Apfelsaft
- 75 g Zucker
- 1 Päckchen Bourbon-Vanillezucker
- 1–2 TL Zimt
- 1 Sternanis
- 300 g Vanille-Joghurt

1 Äpfel schälen, entkernen, in grobe Stücke schneiden und mit Zitronensaft mischen. Eine flache Auflaufform fetten. Äpfel hineingeben. Apfelsaft, Zucker, Vanillezucker, Zimt und Anis darauf verteilen.

2 Die Äpfel im vorgeheizten Backofen (E-Herd: 200 °C/Umluft: 175 °C/Gas: Stufe 3) 20–25 Minuten garen.

3 Kompott umrühren und z. B. in Gläser füllen. Joghurt glatt rühren und darauf verteilen. Schmeckt warm und kalt.

ZUBEREITUNGSZEIT ca. 45 Min.
PORTION ca. 330 kcal
1 g E · 6 g F · 65 g KH

Tipps und Tricks rund ums Käsetöpfchen

- Neben unserer Käsemischung passen natürlich auch andere Sorten wie Allgäuer Emmentaler, Greyerzer oder Gouda zum Fondue.
- Bilden sich in der Käsemasse Klümpchen: mit etwas Zitronensaft oder Weinessig glatt rühren.
- Damit am Boden nichts ansetzt: Käsemasse am besten in Form einer am Boden liegenden „8" rühren.
- Die Brotwürfel sollten noch ein Stückchen Kruste haben, damit sie sich besser aufspießen lassen. Gut schmeckt auch getoastetes Brot.
- **Und was trinkt man dazu?** Es muss nicht immer Weißwein sein! Sehr gut passt auch ein kühles Weizenbier. Zur Bekömmlichkeit werden gern schwarzer Tee und ein Gläschen Kirschwasser getrunken.
- **Für die Genießer-Runde zu zweit:** Fix und fertig vorbereitet ist Ofenkäse aus dem Kühlregal, z. B. „Rougette" oder „Coburger Kamin-Käse".

Mini-Käsefondue mit Gemüse & Croûtons

ZUTATEN FÜR 4 PERSONEN

- je 500 g Möhren, Broccoli und Blumenkohl • Salz
- 1 Baguette (ca. 250 g)
- 2–3 EL Butter/Margarine
- 1 kleine Knoblauchzehe
- 400 g Appenzeller (Stück)
- 200 g Emmentaler (Stück)
- 300 ml trockener Weißwein
- 1 TL Zitronensaft
- 1 gestrichener EL (ca. 10 g) Speisestärke
- 2 EL Kirschwasser
- Pfeffer • Muskat
- etwas Schnittlauch zum Bestreuen

1 Möhren schälen, waschen und in Stücke schneiden. Broccoli und Blumenkohl putzen, waschen und in kleine Röschen teilen. Möhren und Blumenkohl in kochendem Salzwasser ca. 10, Broccoli ca. 5 Minuten dünsten, abtropfen lassen. Brot in Würfel schneiden. Im heißen Fett goldbraun rösten.

2 Knoblauch schälen und durch die Presse drücken. Käse fein reiben. Wein, Zitronensaft und Stärke in einem Topf glatt rühren. Mit Knoblauch und Käse unter ständigem Rühren aufkochen. Mit Kirschwasser, Pfeffer und Muskat abschmecken. Heiße Käsemasse in 4 vorgewärmte Schälchen füllen. Oder in einen Fonduetopf füllen und aufs Rechaud stellen. Schnittlauch darüberstreuen. Mit Brot und Gemüse anrichten.
Getränk: kühler Weißwein.

VORBEREITUNGSZEIT ca. 50 Min.
PORTION ca. 950 kcal
49 g E · 52 g F · 48 g KH

Mini-Käsefondue mit Gemüse & Croûtons

Bunte Grillplatte

Paprika-Glasnudel-Salat

Scharfe Wasabi-Mayonnaise

Japanischer Schlemmergrill

Diese „Grillfete" findet am Tisch statt! Auf dem Tischgrill oder heißen Stein garen zartes Fleisch, Garnelen und mehr

Teriyaki-Spieße

Schnitzel-Schnecken

Pflaumen-Ingwer-Soße

Lauchzwiebel-Erdnuss-Dip

Bunte Grillplatte

ZUTATEN

- 600 g Rinderfilet
- 200 g magerer Schweinebauch
- 18 rohe geschälte Garnelen (ca. 300 g)
- 250 g Champignons
- 2 kleine Zucchini (ca. 300 g)
- 200–250 g Kirschtomaten
- etwas Öl • 1 großes Baguette (ca. 500 g)

1 Filet in dünne Scheiben oder 6 Steaks schneiden. Schweinebauch in ca. 18 dicke Streifen schneiden. Garnelen evtl. am Rücken einschneiden und den Darm entfernen. Garnelen waschen und trocken tupfen. Pilze und Zucchini putzen, waschen und in Scheiben schneiden. Tomaten waschen und halbieren.

2 Alle vorbereiteten Zutaten anrichten. Bei Tisch auf dem heißen geölten Grill unter Wenden braten: dünne Filetscheiben 2–3 Minuten, Steaks ca. 8 Minuten, Schweinebauch, Garnelen und Gemüse ca. 4 Minuten grillen. Das Baguette in Scheiben schneiden und dazureichen.

VORBEREITUNGSZEIT ca. 30 Min.
PORTION ca. 380 kcal
39 g E · 15 g F · 20 g KH

Gut geplant

AM VORTAG

- Soßen und evtl. Dessert zubereiten.
- Hähnchen-Spieße machen und marinieren.

MORGENS

- Grillplatte und Schnitzel-Schnecken vorbereiten.
- Paprika-Glasnudel-Salat zubereiten (ohne Koriander) und ziehen lassen.

KURZ VORHER

- Salat mit Koriander bestreuen.

Alles reicht für 6 Personen

Schnitzel-Schnecken

ZUTATEN

- 2 Lauchzwiebeln
- 5 dünne Schweineschnitzel (à ca. 100 g)
- 4–5 EL cremige Erdnussbutter
- Salz • Chilipulver • etwas Öl
- Frischhaltefolie • 25–30 Holzspießchen

1 Lauchzwiebeln putzen, waschen und in feine Ringe schneiden. Schnitzel trocken tupfen, mit Folie bedecken und etwas flacher klopfen.

2 Mit Erdnussbutter bestreichen. Mit Salz und Chili bestreuen. Zwiebeln darauf verteilen, fest aufrollen. Je in 5–6 Scheiben schneiden, feststecken.

3 Bei Tisch auf dem geölten heißen Grill oder Stein unter Wenden 6–7 Minuten grillen bzw. braten.

VORBEREITUNGSZEIT ca. 30 Min.
PORTION ca. 200 kcal
23 g E · 10 g F · 3 g KH

Teriyaki-Spieße

ZUTATEN FÜR CA. 12 SPIESSE

- 500 g Hähnchenfilet
- ca. 100 ml Teriyaki-Marinade (japanische Würzsoße) oder Sojasoße
- etwas Öl • ca. 12 Holzspieße

Filet waschen und trocken tupfen. In ca. 48 Würfel schneiden. Je 4 auf einen Spieß stecken. Mit Marinade beträufeln. Mind. 30 Minuten ziehen lassen. Bei Tisch auf dem geölten heißen Grill unter Wenden 8–10 Minuten grillen.

VORBEREITUNGSZEIT ca. 15 Min.
MARINIERZEIT mind. 30 Min.
SPIESS ca. 50 kcal
10 g E · 0 g F · 2 g KH

Lauchzwiebel-Erdnuss-Dip

ZUTATEN

- 150 g Crème fraîche
- 75 g cremige Erdnussbutter
- 2 Lauchzwiebeln
- Salz • etwas Sambal Oelek
- 1–2 TL Limettensaft
- evtl. 1 TL Erdnusskerne

1 Crème fraîche und Erdnussbutter verrühren. Lauchzwiebeln putzen, waschen und fein schneiden, unterrühren.

2 Mit Salz, Sambal und Limettensaft abschmecken. Anrichten und Erdnusskerne darüberstreuen.

ZUBEREITUNGSZEIT ca. 10 Min.
PORTION ca. 180 kcal
5 g E · 15 g F · 4 g KH

Scharfe Wasabi-Mayonnaise

ZUTATEN

- 100 g Salat-Mayonnaise
- 3 EL Sojasoße
- 1 TL Wasabi (grüner Meerrettich; Tube)
- evtl. Koriander zum Garnieren

Mayonnaise und Sojasoße verrühren. Mit Wasabi abschmecken. Anrichten und mit Korianderblättchen garnieren.

ZUBEREITUNGSZEIT ca. 5 Min.
PORTION ca. 80 kcal
1 g E · 4 g F · 9 g KH

Pflaumen-Ingwer-Soße

ZUTATEN

• 1 TL Sesam

• 100 g halbweiche Trockenpflaumen

• 1 walnussgroßes Stück frischer Ingwer

• 2 EL Sesamöl

• 3 EL Sojasoße

1 Sesam ohne Fett rösten, auskühlen lassen. Pflaumen mit 7–10 EL Wasser fein pürieren.

2 Ingwer schälen und fein würfeln. Mit Öl unterrühren. Mit Sojasoße abschmecken. Sesam einrühren.

ZUBEREITUNGSZEIT ca. 15 Min.
PORTION ca. 80 kcal
1 g E · 4 g F · 9 g KH

Paprika-Glasnudel-Salat

ZUTATEN

• 4 Möhren

• 2 rote Paprikaschoten

• 1 walnussgroßes Stück frischer Ingwer

• 1 Knoblauchzehe • 1 Limette

• 3–4 EL Öl (z. B. Erdnussöl)

• 5–7 EL Sojasoße

• ca. 1 TL Sambal Oelek

• 100 g Glasnudeln

• 125 g TK-Erbsen • Salz

• einige Stiele Koriandergrün

1 Gemüse putzen und waschen. Möhren in Stifte hobeln, Paprika fein schneiden. Ingwer und Knoblauch schälen, hacken. Limette auspressen.

2 Ingwer, Knoblauch, Möhren und Paprika im heißen Öl 3–4 Minuten dünsten. Mit Sojasoße, 3 EL Saft und Sambal würzen, abkühlen.

3 Nudeln kleiner schneiden. Mit Erbsen in kochendem Salzwasser 2–3 Minuten garen. Abschrecken, abtropfen lassen. Mit Gemüse mischen, mind. 30 Minuten ziehen lassen. Koriander überstreuen.

ZUBEREITUNGSZEIT ca. 40 Min.
ABKÜHL-/MARINIERZEIT mind. 45 Min.
PORTION ca. 120 kcal
3 g E · 5 g F · 14 g KH

Was trinkt man dazu?

Sehr gut passt ein Elsässer Gewürztraminer oder Riesling.
Aber auch kühles Mineralwasser, Bier und grüner Tee.

Kaki-Joghurt-Mousse

ZUTATEN FÜR 6 PERSONEN

• 9 Blatt weiße Gelatine

• 750 g Vollmilch-Joghurt

• Saft von 1 Zitrone

• 4–5 EL Zucker

• 2 Päckchen Vanillin-Zucker

• 3 reife weiche Kakis (à ca. 180 g)

• 300 g Schlagsahne

• evtl. Spalten von 1 festen Kaki

  und Minze zum Verzieren

1 Gelatine ca. 5 Minuten in kaltem Wasser einweichen.

2 Joghurt, Zitronensaft, Zucker und Vanillin-Zucker verrühren. Gelatine ausdrücken und bei schwacher Hitze vorsichtig auflösen. 5 EL Joghurt unter die Gelatine rühren, dann alles unter den Rest Joghurt rühren. 10–15 Minuten kalt stellen, bis er zu gelieren beginnt.

3 Weiche Kakis halbieren, das Fruchtfleisch herauslöffeln und evtl. kurz pürieren.

4 Sahne steif schlagen und unter den Joghurt heben. Joghurt-Mousse und Kakipüree in 6 Gläser schichten. Evtl. mit einem Holzspieß spiralförmig durchziehen. Ca. 1 Stunde kalt stellen. Mit Kakispalten und Minze verzieren.

ZUBEREITUNGSZEIT ca. 25 Min.
KÜHLZEIT ca. 1 ¼ Std.
PORTION ca. 340 kcal
9 g E · 21 g F · 27 g KH

Dieses Dessert passt auch noch dazu

Drei raffinierte Dips zur Käseplatte

ZUTATEN FÜR 8–10 PERSONEN

- 200 g Blauschimmel-Käse
- 100 g Schlagsahne
- Pfeffer • Salz • Edelsüß-Paprika
- 50 g geräucherter durchwachsener Speck
- 300 g Ziegenfrischkäse
- 100 ml Milch • getrockneter Thymian
- 250 g weicher Camembert
- 1 kleine Zwiebel
- 5 EL weiche Butter
- 150 g saure Sahne
- 50 g getrocknete Tomaten in Öl (Glas)

Für den Blauschimmelkäse-Dip: Blauschimmelkäse und Sahne pürieren. Mit Pfeffer würzen.

Für den Ziegenfrischkäse-Dip: Speck würfeln, knusprig braten und abtropfen lassen. Mit Ziegenkäse und Milch verrühren. Mit Salz, Pfeffer und Thymian abschmecken.

Für die Camembert-Creme: Camembert klein schneiden. Zwiebel schälen, fein würfeln. Beides mit Butter und saurer Sahne mit den Knethaken des Handrührgerätes verkneten. Tomaten trocken tupfen, in Streifen schneiden und unter die Creme mischen. Mit Salz, Pfeffer und Paprika abschmecken.
Getränk: kühler Weißwein.

ZUBEREITUNGSZEIT ca. 35 Min.
PORTION ca. 370 kcal
18 g E · 31 g F · 3 g KH

Was Sie für die Käseplatte brauchen

Bei einem Buffet rechnet man 250 g Käse bei 5–8 Sorten pro Person. Als Abschluss eines Menüs reichen 125 g in 3–4 Sorten.

Einige Vorschläge

- Je ein Stück Camembert oder Brie, Edelpilzkäse, Appenzeller, Comté, Maasdammer, alter Gouda und Ziegenschnittkäse. Attraktiv ist der Schweizer Mönchskopfkäse „Tête de Moine", den es an manchen Käsetheken in „Locken" gehobelt gibt.
- Außerdem: je 3–4 Feigen und kleine reife Birnen (halbiert oder in Spalten), Weintrauben, feinen Feigensenf, Walnüsse, Brot und Laugengebäck.

Köstliches mit Käse

Auf der bunten Platte, im Dip, in der Suppe und zum
Überbacken – Käse stellt hier sein Multitalent unter Beweis

Blauschimmelkäse-Dip

Ziegenfrischkäse-Dip

Camembert-Creme

Gefüllte Schnitzel mit Camembert

ZUTATEN FÜR 4 PERSONEN

- 1 kg Kartoffeln
- Salz • Pfeffer
- 4 Schweineschnitzel (à ca. 150 g)
- 125 g Camembert
- 1 Ei
- 4–6 EL Mehl
- 6–8 EL Paniermehl
- 1 große Stange Porree (Lauch)
- 1 EL Butter/Margarine
- etwas glatte Petersilie
- 2–3 EL Öl
- 200 ml Milch
- evtl. Muskat
- 2–3 EL Preiselbeeren zum Garnieren

1 Kartoffeln schälen, waschen und grob würfeln. Zugedeckt in Salzwasser ca. 20 Minuten kochen.

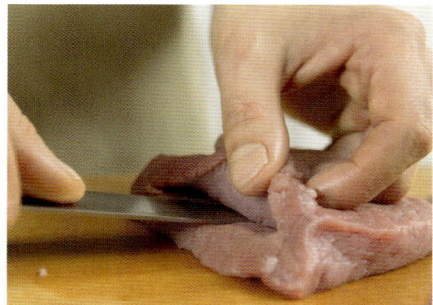

2 Schnitzel trocken tupfen und jeweils seitlich eine Tasche hineinschneiden. Käse in kurze Scheiben schneiden. Schnitzel damit füllen, würzen. Ei verquirlen. Schnitzel erst im Mehl, dann im Ei und zuletzt im Paniermehl wenden. Panade gut andrücken.

3 Porree putzen, waschen und in Ringe schneiden. Im heißen Fett ca. 10 Minuten dünsten. Mit Salz und Pfeffer würzen. Petersilie waschen und abzupfen.

4 Öl in einer beschichteten Pfanne erhitzen. Die Schnitzel darin pro Seite 5–6 Minuten braten. Petersilie kurz mitbraten. Inzwischen Milch erhitzen. Kartoffeln abgießen, fein zerstampfen, dabei die Milch zugießen. Porree unterheben, mit Salz, Pfeffer und Muskat abschmecken. Alles mit der Petersilie und Preiselbeeren anrichten.

Getränk: kühler Roséwein.

ZUBEREITUNGSZEIT ca. 50 Min.
PORTION ca. 590 kcal
51 g E · 18 g F · 51 g KH

Gratinierte Poularden-Brüstchen

ZUTATEN FÜR 4 PERSONEN

- 1 kleiner Blumenkohl (ca. 600 g)
- 500 g Broccoli
- 200 g Champignons
- 4 Hähnchenfilets (à ca. 200 g)
- Salz • Pfeffer • 2 EL Öl
- etwas + 2 EL + 50 g kalte Butter
- 1 Beutel „Zubereitung für Sauce Hollandaise" (für 125 g Butter)
- 75 g–100 g Gouda (Stück)
- 4 Scheiben gekochter Schinken
- 2–3 EL Mandelblättchen

1 Kohl putzen, waschen und in kleine Röschen teilen. Pilze putzen, waschen und in Scheiben schneiden.

2 Fleisch waschen, trocken tupfen und würzen. Im heißen Öl pro Seite etwa 5 Minuten braten. In eine gefettete Auflaufform geben. 1 EL Butter im Bratfett erhitzen, Pilze darin anbraten, würzen.

3 Soßenpulver in ¼ l kaltes Wasser einrühren, unter Rühren aufkochen. 50 g Butter würfeln, bei schwacher Hitze darunterschlagen. Pilze unterheben.

4 Blumenkohl in wenig kochendem Salzwasser zugedeckt ca. 10 Minuten dünsten. Broccoli ca. 5 Minuten mitgaren.

5 Käse reiben. Auf jedes Filet 1 Scheibe Schinken legen, Soße darübergießen und mit Käse bestreuen. Unter dem vorgeheizten Backofengrill ca. 3 Minuten oder bei größter Hitze 5–8 Minuten goldbraun überbacken.

6 Mandeln unter Wenden goldbraun rösten. 1 EL Butter zugeben und aufschäumen. Das Gemüse abgießen und in der Mandelbutter schwenken. Alles anrichten. Dazu passen Salzkartoffeln.

ZUBEREITUNGSZEIT ca. 1 Std.
PORTION ca. 610 kcal
66 g E · 33 g F · 7 g KH

Bratkartoffel-Auflauf mit Wirsing & Krakauer

ZUTATEN FÜR 4–6 PERSONEN

- 1,2 kg festkochende Kartoffeln
- 1 kleiner Wirsing (750 g)
- 3 Krakauer Würstchen (ca. 300 g)
- 4–5 EL Öl
- Salz • Pfeffer • Muskat
- 2 mittelgroße Zwiebeln
- 50–75 g geräucherter durchwachsener Speck
- Fett für die Form
- 250–300 g Schmand oder Crème fraîche
- 4 Eier
- 75–100 g mittelalter Gouda (Stück)

1 Kartoffeln waschen und in Wasser ca. 20 Minuten kochen. Dann abschrecken, schälen und abkühlen lassen.

2 Inzwischen Wirsing putzen, waschen, vierteln und den Strunk herausschneiden. Kohl in grobe Streifen schneiden. Wurst in dicke Scheiben schneiden. In 1 EL heißem Öl anbraten, herausnehmen. Wirsing im Bratfett anbraten. Mit 100 ml Wasser ablöschen. Aufkochen und zugedeckt ca. 10 Minuten schmoren. Mit Salz und Pfeffer würzen.

3 Kartoffeln in Scheiben schneiden. Zwiebeln schälen, fein würfeln. Speck würfeln und in einer großen Pfanne knusprig auslassen. Zwiebeln kurz mitbraten. Beides herausnehmen. 3–4 EL Öl portionsweise im Speckfett erhitzen. Kartoffeln darin unter öfterem Wenden ca. 10 Minuten goldbraun braten. Speck und Zwiebeln wieder zugeben. Mit Salz und Pfeffer würzen.

4 Bratkartoffeln, Kohl und Wurst in eine gefettete große Auflaufform oder einen Bräter füllen. Schmand und Eier verrühren. Mit Salz, Pfeffer und Muskat würzen, darübergießen. Käse reiben und darüberstreuen. Im vorgeheizten Backofen (E-Herd: 175 °C/Umluft: 150 °C/Gas: Stufe 2) 40–45 Minuten backen.
Getränk: kühles Bier oder Saftschorle.

ZUBEREITUNGSZEIT ca. 2¼ Std.
ABKÜHLZEIT ca. 1 Std.
PORTION ca. 570 kcal
27 g E · 36 g F · 31 g KH

Griechische Käse-Pastetchen

ZUTATEN FÜR 6 STÜCK

- 2 runde Blätter Filo-Teig
  (ca. 330 g; à ca. 56 cm Ø)
- 2 leicht gehäufte EL (30 g) Mehl
- 2 EL (30 g) + 80 g Butter
- ¼ l Milch
- 150 g Fetakäse
- 200 g Kefalotiri-Käse (griech. Hartkäse
  aus Schafs- oder Ziegenmilch;
  ersatzw. Greyerzer oder Pecorino; Stück)
- Pfeffer • Muskat
- evtl. Minze und Rosmarin

1 Teigblätter auseinanderfalten und in ein feuchtes Geschirrtuch wickeln. Mehl in 2 EL heißer Butter anschwitzen. Milch einrühren, unter Rühren 2–3 Minuten köcheln. Beiseite stellen. Feta mit einer Gabel fein zerdrücken, übrigen Käse fein reiben. Gesamten Käse in die Soße rühren. Abschmecken.

2 80 g Butter zerlassen. 6 Tartelettförmchen (à ca. 11 cm Ø) mit etwas Butter ausstreichen. Teigblätter mit der übrigen Butter bestreichen und in je 12 Tortenstücke schneiden. Je 2 Teigstücke

entgegengesetzt aufeinander in 1 Förmchen legen. Käsemasse darauf verteilen. Je 2 Teigstücke entgegengesetzt aufeinanderlegen. Förmchen damit bedecken, Ränder etwas abschneiden.

3 Im vorgeheizten Backofen (E-Herd: 200 °C/Umluft: 175 °C/Gas: Stufe 3) 12–15 Minuten goldbraun backen. Mit Minze und Rosmarin garnieren.
Getränk: kühler Weißwein.

ZUBEREITUNGSZEIT ca. 30 Min.
BACKZEIT 12–15 Min.
STÜCK ca. 580 kcal
23 g E · 32 g F · 45 g KH

Blätterteigkissen mit Käse & Feigen

ZUTATEN FÜR CA. 28 STÜCK

- 1 Packung (270 g) frischer
  Blätterteig (Kühlregal)
- 75 g Gorgonzola
- 3 Scheiben Gouda
- 1–2 frische Feigen
- etwas Thymian und Rosmarin
- 3–4 EL Feigensenf
  (ersatzw. milder Senf)
- 1 Eigelb
- 1–2 TL Milch
- Sesam, Mohn und grobes Salz
  zum Bestreuen

1 Blätterteig (in der Packung) bei Raumtemperatur ca. 10 Minuten ruhen lassen. Gorgonzola würfeln, Gouda in Streifen schneiden. Feigen waschen und in Spalten schneiden. Kräuter waschen, Blättchen bzw. Nadeln abzupfen.

2 Den Blätterteig auf einem Backblech entrollen und in Quadrate (6 x 6 cm) schneiden. Einige diagonal halbieren.

3 Je die Hälfte Quadrate und Dreiecke mit Feigensenf bestreichen. Mit Gouda oder Gorgonzola belegen. Nach Belieben mit Kräutern bestreuen.

4 Eigelb und Milch verquirlen. Übrige Kissen damit bestreichen. Mit Sesam, Mohn, Salz oder Kräutern bestreuen.

5 Im vorgeheizten Backofen (E-Herd: 225 °C/Umluft: 200 °C/Gas: Stufe 4) 8–10 Minuten goldbraun backen. Herausnehmen. Feigen sofort auf dem Käse verteilen. Die Blätterteigkissen schmecken warm und kalt.
Getränk: kühler Cidre.

ZUBEREITUNGSZEIT ca. 30 Min.
BACKZEIT 8–10 Min.
STÜCK ca. 50 kcal
1 g E · 4 g F · 3 g KH

Überbackene Käse-Kartoffeln

ZUTATEN FÜR 4 PERSONEN

- 1,5 kg kleine Kartoffeln
- 125 g Appenzeller (Stück)
- 100 g mittelalter Gouda (Stück)
- 2 EL (30 g) + etwas Butter/Margarine
- 2 leicht gehäufte EL (30 g) Mehl
- 400–450 ml Milch
- 1 TL Gemüsebrühe
- Pfeffer • Muskat • Salz
- ½ Bund Schnittlauch

1 Kartoffeln waschen und zugedeckt ca. 20 Minuten kochen. Gesamten Käse reiben. 2 EL Fett im Topf schmelzen. Mehl darin kurz anschwitzen. ⅜ l Wasser, Milch und Brühe einrühren. Aufkochen und ca. 5 Minuten köcheln. Die Hälfte Käse unter Rühren darin schmelzen. Mit Pfeffer, Muskat, evtl. Salz abschmecken.

2 Kartoffeln abschrecken und schälen. In eine gefettete Auflaufform füllen. Die Soße darübergießen, übrigen Käse darüberstreuen. Im vorgeheizten Backofen (E-Herd: 200 °C/Umluft: 175 °C/ Gas: Stufe 3) 15–20 Minuten goldbraun überbacken. Schnittlauch waschen, in Röllchen schneiden und darüberstreuen. Dazu passt ein grüner Salat.
Getränk: kühles Mineralwasser.

ZUBEREITUNGSZEIT ca. 1 Std.
PORTION ca. 650 kcal
29 g E · 28 g F · 67 g KH

Kartoffel-Heringssalat

Feuriger Tabasco-Topf

Garnelen-Pilz-Pfanne

Silvesterbuffet für Genießer

Motto für die längste Nacht des Jahres: nach Herzenslust schlemmen! Die guten Vorsätze gelten ja erst nächstes Jahr ...

Rumkugel-Creme

Asia-Nudelsalat mit Hähnchen

Zweierlei Pizza-Stangen

Knuspriges Mett-Baguette

Feuriger Tabasco-Topf

ZUTATEN

- 1 kg ausgelöster Schweinenacken
- 1 kg Rindergulasch
- 2 Gemüsezwiebeln
- 2–4 EL Öl
- Salz • Pfeffer
- 1 Dose (850 ml) Tomaten
- 1 Lorbeerblatt
- 250 ml Tomatenketchup
- 1 Dose (850 ml) Kidney-Bohnen
- 1 Dose (425 ml) Maiskörner
- 200 g Cabanossi
- 1–2 EL Tabasco
- 2 EL Schmand

1 Schweinenacken waschen, trocken tupfen und würfeln. Gulasch ebenfalls trocken tupfen, evtl. etwas kleiner würfeln. Zwiebeln schälen und, bis auf eine Hälfte, grob würfeln. Nacken und Gulasch im heißen Öl portionsweise kräftig anbraten. Zwiebelwürfel mitbraten. Mit Salz und Pfeffer würzen.

2 Tomaten samt Saft und Lorbeerblatt zufügen. Tomaten etwas zerkleinern. Ketchup und ca. ¾ l Wasser zugießen, aufkochen. Alles zugedeckt ca. 1 ½ Stunden köcheln.

3 Bohnen und Mais abspülen, abtropfen lassen. Cabanossi in Scheiben schneiden. Alles zum Schluss mit erhitzen. Eintopf mit Tabasco feurig abschmecken. Mit Schmand verfeinern. Übrige Zwiebelhälfte würfeln und darüberstreuen.

ZUBEREITUNGSZEIT ca. 2 Std.
PORTION ca. 580 kcal
52 g E · 29 g F · 23 g KH

Extra-Tipp

Reichen Sie zum feurigen Tabasco-Topf und zur Garnelen-Pilz-Pfanne noch Baguette. Zwei bis drei Brote reichen.

Garnelen-Pilz-Pfanne

ZUTATEN

- 1 kg Garnelen (frisch oder TK; ohne Kopf und Schale)
- 1 kg Champignons
- 2 Bund Lauchzwiebeln
- 3–4 Knoblauchzehen
- 300–400 g Schmand
- Salz • Pfeffer
- 7–10 EL Öl
- 50 g Kräuterbutter
- Edelsüß-Paprika

1 TK-Garnelen auftauen lassen. Garnelen waschen und trocken tupfen. Pilze und Lauchzwiebeln putzen, waschen. Pilze halbieren oder vierteln. Zwiebeln in Ringe schneiden.

2 Knoblauch schälen, fein hacken oder durchpressen und mit Schmand verrühren. Mit Salz und Pfeffer würzen.

3 Öl portionsweise in einer großen Pfanne erhitzen. Erst Pilze und Lauchzwiebeln darin portionsweise kräftig anbraten. Würzen und herausnehmen. Dann die Garnelen darin portionsweise anbraten und würzen (evtl. 2 Pfannen nehmen). Pilze und Lauchzwiebeln wieder zufügen. Alles nochmal erhitzen und Kräuterbutter darin schmelzen. Mit etwas Knoblauch-Schmand anrichten und mit Edelsüß-Paprika bestäuben. Übrigen Schmand extra reichen.

ZUBEREITUNGSZEIT ca. 1 Std.
EVTL. AUFTAUZEIT mind. 4 Std.
PORTION ca. 270 kcal
23 g E · 16 g F · 4 g KH

Kartoffel-Heringssalat

ZUTATEN

- 1 kg Kartoffeln
- 8 Eier
- 1 Glas (370 ml) Gewürzgurken
- 1 Bund Schnittlauch
- 1 kg fertige Heringshappen in Dillrahm
- 250 g Vollmilch-Joghurt
- Salz • Pfeffer

1 Kartoffeln waschen und ca. 20 Minuten kochen. Eier hart kochen. Beides abschrecken, schälen, auskühlen lassen.

2 Gurken abgießen, Sud dabei auffangen. Gurken und Kartoffeln in Scheiben schneiden. Eier sechsteln. Schnitt-

lauch waschen und, bis auf etwas zum Garnieren, fein schneiden.

3 Heringshappen, Joghurt, etwas Gurkensud und Schnittlauch verrühren. Mit Salz und Pfeffer abschmecken. Kartoffeln, Eier und Gurken unterheben. Salat zugedeckt mind. 1 Stunde kühl stellen. Nochmals abschmecken und anrichten. Mit Rest Schnittlauch garnieren.

ZUBEREITUNGSZEIT ca. 1 Std.
AUSKÜHL-/MARINIERZEIT mind. 2 Std.
PORTION ca. 270 kcal
24 g E · 10 g F · 19 g KH

Asia-Nudelsalat mit Hähnchen

ZUTATEN

- 500 g Bandnudeln
- Salz • Pfeffer
- 300 g TK-Erbsen
- 500 g Hähnchenfilet
- 5 EL Öl
- 3 Paprikaschoten (z. B. grün, gelb, rot)
- ½ Bund/Töpfchen Koriander
- 1 Flasche (250 ml) Asia-Soße
- 5 EL Sojasoße
- 100 g geröstete Erdnüsse
- evtl. Chilischote zum Garnieren

1 Nudeln in kochendem Salzwasser 8–10 Minuten bissfest garen. Erbsen ca. 2 Minuten mitgaren. Alles abschrecken, abtropfen und auskühlen lassen.

2 Filets waschen, trocken tupfen und in dünne Streifen schneiden. In 3 EL heißem Öl portionsweise knusprig braten. Mit Salz und Pfeffer würzen. Herausnehmen und abkühlen lassen.

Alles reicht für 10 Personen

3 Paprika putzen, waschen und fein würfeln. Koriander waschen und, bis auf etwas zum Garnieren, abzupfen. 2 EL Öl mit Asia- und Sojasoße verrühren. Alles mit Nudeln, Erbsen, Hähnchen, Paprika und Nüssen mischen. Mind. 30 Minuten ziehen lassen. Nochmals abschmecken und garnieren.

ZUBEREITUNGSZEIT ca. 45 Min.
MARINIERZEIT mind. 30 Min.
PORTION ca. 410 kcal
22 g E · 12 g F · 50 g KH

Knuspriges Mett-Baguette

ZUTATEN FÜR 12–16 STÜCKE

- 3 mittelgroße Zwiebeln
- 250 g Gouda (Stück)
- 1 dicke Scheibe (ca. 150 g) gekochter Schinken
- 750 g Mett
- Pfeffer · Edelsüß-Paprika
- 1 dickes rustikales Baguette oder Meterbrot (400–450 g)
- evtl. 50 g Butter/Margarine
- 1 TL getrockneter Oregano
- Backpapier

1 Zwiebeln schälen. 2 würfeln und 1 in feine Ringe schneiden. Käse grob, Schinken fein würfeln. Mett, Schinken, Zwiebelwürfel und gut die Hälfte Käse verkneten, mit Pfeffer würzen.

2 Baguette halbieren, Hälften längs aufschneiden. Mit Fett bestreichen. Mett darauf verteilen und Rest Käsewürfel hineindrücken. Auf ein mit Backpapier ausgelegtes Backblech legen. Mit Zwiebelringen, Paprika und Oregano bestreuen.

3 Im vorgeheizten Backofen (E-Herd: 175 °C/Umluft: 150 °C/Gas: Stufe 2) 40–45 Minuten backen. In je 3–4 Stücke schneiden. Schmecken warm und kalt.

ZUBEREITUNGSZEIT ca. 1 ¼ Std.
STÜCK ca. 310 kcal
20 g E · 18 g F · 14 g KH

Zweierlei Pizza-Stangen

ZUTATEN FÜR 16–20 STÜCK

- 2 Rollen (à 400 g) frischer Blech-Pizzateig (Kühlregal)
- 1 Brötchen (vom Vortag)
- 1 mittelgroße Zwiebel
- 600 g gemischtes Hack
- 1 Ei
- Edelsüß-Paprika
- 2 TL getrockneter Thymian
- Salz
- Cayennepfeffer oder Tabasco
- 1 EL Tomatenmark
- 1 EL Öl
- 300 g Fetakäse
- 100 g geröstete eingelegte Paprikaschoten (Glas)
- etwas Mehl
- 1 TL Sesam
- Backpapier

1 Teig entrollen und bei Raumtemperatur ca. 10 Minuten ruhen lassen.

2 **Für die Hackfüllung:** Brötchen in Wasser einweichen. Zwiebel schälen und würfeln. Mit Hack, ausgedrücktem Brötchen, Ei, Paprika, 1 TL Thymian, Salz und Cayennepfeffer verkneten. 8 längliche Frikadellen formen. Tomatenmark und Öl verrühren.

3 **Für die Fetafüllung:** Käse zerbröckeln. Paprika abtropfen lassen, würfeln. Käse und Paprika mischen, pfeffern.

4 Pizzateig auf wenig Mehl etwas größer (ca. 28 x 40 cm) ausrollen. In je 8–10 Rechtecke schneiden und mit bemehlten Händen etwas größer ziehen. 8–10 Rechtecke mit Feta bestreuen. Längs überlappen, Ränder andrücken. Mit Sesam bestreuen. Frikadellen im übrigen Teig einschlagen, Ränder andrücken. Mit Tomatenmark bestreichen, mit Rest Thymian bestreuen. Auf mit Backpapier ausgelegte Backbleche setzen.

5 Erst die Hack-Stangen im vorgeheizten Backofen (E-Herd: 200 °C/Umluft: 175 °C/Gas: Stufe 3) 35–40 Minuten, dann Feta-Stangen ca. 25 Minuten goldbraun backen. Herausnehmen und anrichten. Schmecken warm am besten.

ZUBEREITUNGSZEIT ca. 35 Min.
BACKZEIT ca. 1 Std.
STÜCK ca. 370 kcal (mit Hack)
21 g E · 19 g F · 26 g KH
STÜCK ca. 220 kcal (mit Feta)
10 g E · 9 g F · 24 g KH

Rumkugel-Creme

ZUTATEN

- 2 Päckchen Puddingpulver „Vanille" (für ½ l Milch; zum Kochen)
- 100 g Zucker · 1 l Milch
- 1 dunkler Biskuitboden (400 g)
- 200–250 ml Rum
- 400 g Schlagsahne
- 5 EL Schokoladenraspel
- evtl. Cocktailkirschen und Minze

1 Puddingpulver, Zucker und ca. 200 ml Milch glatt rühren. Rest Milch aufkochen. Puddingpulver einrühren und ca. 1 Minute köcheln. Auskühlen lassen, dabei öfter umrühren.

2 Biskuit in Würfel schneiden und mit Rum beträufeln. Zugedeckt ca. 30 Minuten ziehen lassen.

3 Sahne steif schlagen. Pudding nochmals cremig rühren, Sahne unterheben. Creme im Wechsel mit den Biskuitwürfeln in eine große Glasschale schichten. Mit Schokoraspeln, Kirschen und Minze verzieren. Kühl stellen.

ZUBEREITUNGSZEIT ca. 25 Min.
AUSKÜHLZEIT ca. 1 ½ Std.
MARINIERZEIT ca. 30 Min.
PORTION ca. 460 kcal
7 g E · 19 g F · 51 g KH

Zu wenig Kühlplatz?

Sie möchten einiges vorbereiten, haben aber zu wenig Platz zum Kaltstellen? Nutzen Sie auch Ihre Kühltaschen! Freunde helfen da evtl. aus. Oder stellen sie einiges einfach nach draußen.

Mandarinen-Sekt

Pastis-Martini

Coole Cocktails für die Party

Prickelndes Kielwasser

Exotic Drink mit Rum

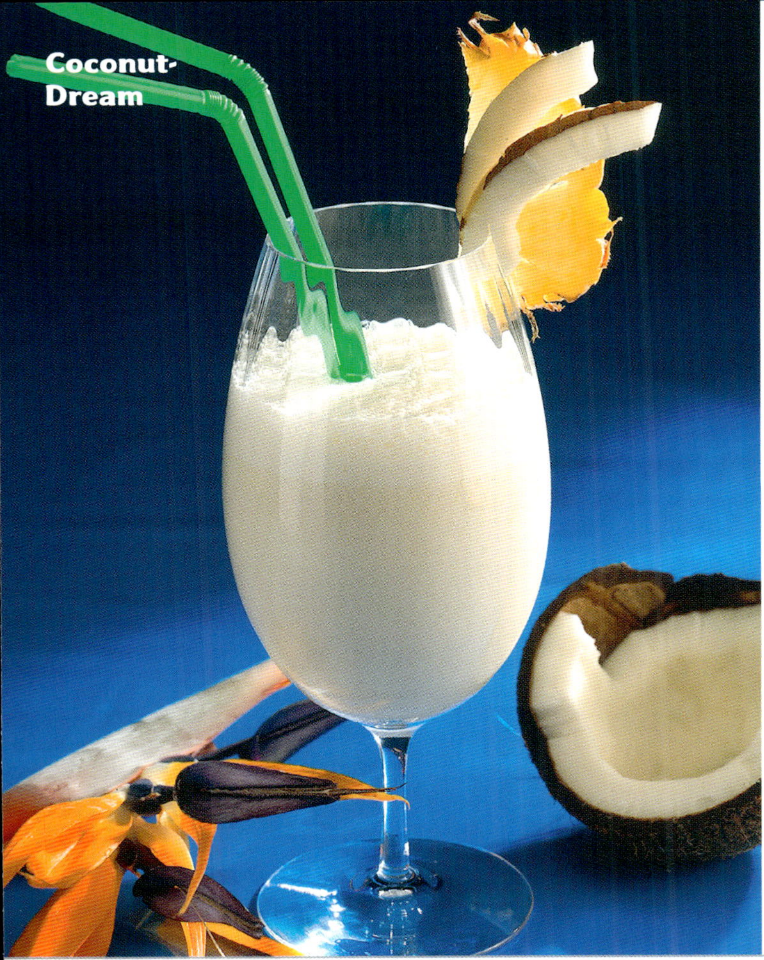

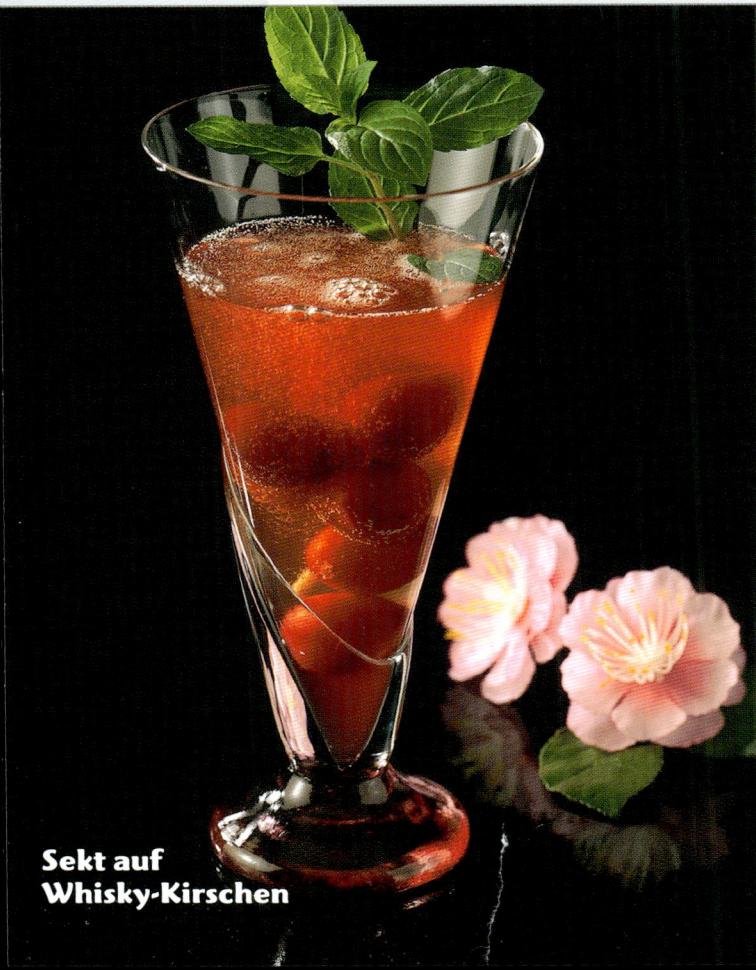

Coconut-Dream

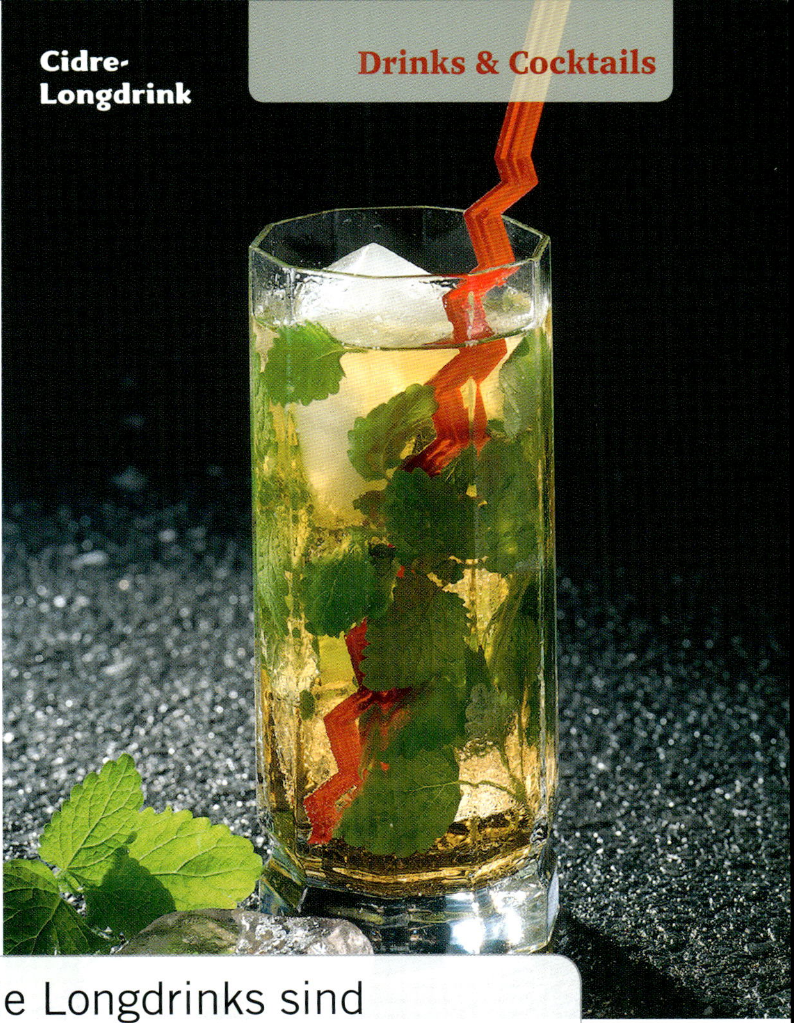

Cidre-Longdrink

Leckere Cocktails oder erfrischende Longdrinks sind das i-Tüpfelchen Ihrer Party. Deshalb: Mixen Sie mit!

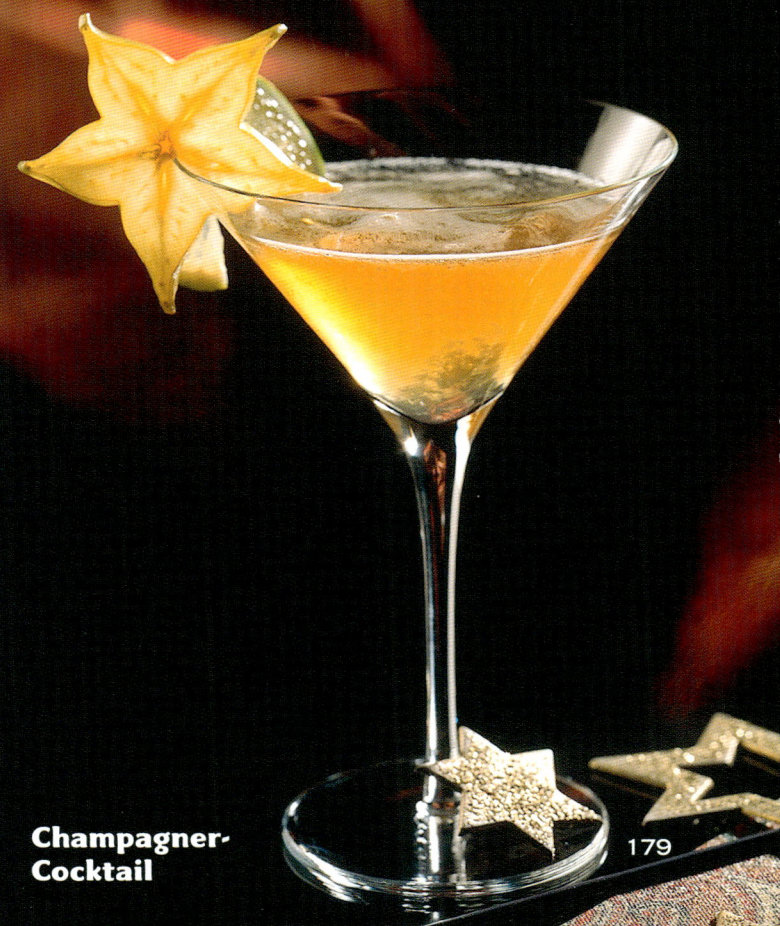

Sekt auf Whisky-Kirschen

Champagner-Cocktail

Mandarinen-Sekt

ZUTATEN FÜR 1 GLAS

- evtl. 1 Eiweiß • Zucker
- 2 EL Mandarinenlikör
- 2 TL Grapefruitsaft
- 2 rosa Grapefruitfilets
- 2 Mandarinenspalten (Dose)
- ca. 100 ml gekühlter
  trockener Sekt
- Melisse zum Verzieren

Hohes Sektglas in Eiweiß, dann in Zucker tauchen. Trocknen lassen. Likör und Grapefruitsaft ins Glas geben. Grapefruitfilets und Mandarinenspalten zugeben, mit Sekt auffüllen. Mit Melisse verzieren.

ZUBEREITUNGSZEIT ca. 10 Min.

Pastis-Martini

ZUTATEN FÜR 1 GLAS

- 2 EL Pastis
- 1 TL Limettensaft
- ca. 3 Eiswürfel
- 100 ml gekühltes
  Mineralwasser
- je 1 Bio-Zitronen- und
  Limettenscheibe und
  Melisse zum Verzieren

Pastis und Limettensaft in ein Glas mit Eiswürfeln geben und mit Mineralwasser auffüllen. Mit Zitrone, Limette und Melisse verzieren.

ZUBEREITUNGSZEIT ca. 5 Min.

Coconut-Dream

ZUTATEN FÜR 1 GLAS

- 1 Kugel Kokosnuss-Eis
- 4 EL Rum oder Zuckerrohr-
  schnaps (z. B. Pitú)
- 1/8 l gekühlter Ananassaft
- evtl. 1 TL Kaffeelikör
- 2 Eiswürfel
- Kokosspalten und Ananas
  zum Verzieren

Eis, Rum, Ananassaft und Likör mit Eiswürfeln in einem Cocktail-Shaker kräftig schütteln. In ein hohes Glas seihen. Mit Kokos- und Ananasschnitzen verzieren. Mit Trinkhalmen servieren.

ZUBEREITUNGSZEIT ca. 10 Min.

Cidre-Longdrink

ZUTATEN FÜR 1 GLAS

- 2 Stiele Zitronenmelisse
- 4–5 Eiswürfel
- 4 EL Gin
- 150 ml gekühlter
  trockener Cidre
  (französischer Apfelwein),
  ersatzw. klarer Apfelsaft

Zitronenmelisse abspülen. Mit Eiswürfeln in ein Longdrinkglas geben. Gin zugießen und mit Cidre oder Apfelsaft auffüllen. Mit Stirer (Rührer) oder Trinkhalm servieren.

ZUBEREITUNGSZEIT ca. 5 Min.

Prickelndes Kielwasser

ZUTATEN FÜR 1 GLAS

- 5 EL Doppelkorn mit Wachol-
  dernote (z. B. Doornkaat)
- 2 EL Zitronensaft
- 2 EL Blue-Curaçao-Sirup
- 2 Eiswürfel • gekühlter Sekt
- 1 Karambole-Scheibe

Doppelkorn, Zitronensaft und Curaçao in einen Shaker geben. Eiswürfel zugeben, gut schütteln, in ein Glas abseihen. Mit Sekt auffüllen und mit Karambole verzieren.

ZUBEREITUNGSZEIT ca. 10 Min.

Exotic Drink mit Rum

ZUTATEN FÜR 1 GLAS

- je 8 EL gekühlter Maracuja-
  und Ananassaft
- 4 EL weißer Rum
- 2–3 EL Kokosnusslikör
- 4–5 Eiswürfel • Kokosraspel
- Fruchtspieß zum Verzieren

Säfte, Rum und Likör mit Eiswürfeln im Shaker kräftig schütteln. Glas mit dem Rand erst in Saft, dann in Kokosraspel tauchen. Drink ins Glas seihen. Mit Fruchtspieß verzieren.

ZUBEREITUNGSZEIT ca. 10 Min.

Sekt auf Whisky-Kirschen

ZUTATEN FÜR 8 GLÄSER

- 250 g Kirschen (frisch/Glas)
- 100 g Zucker
- 300 ml Whiskylikör
  (z. B. Southern Comfort)
- 1 Flasche gekühlter Sekt

Kirschen waschen, entstielen und entsteinen. Mit Zucker und Likör bedecken, ca. 2 Wochen ziehen lassen. Je 2 EL Kirschen ins Glas geben. Mit Sekt auffüllen.

MARINIERZEIT ca. 2 Wochen
ZUBEREITUNGSZEIT ca. 5 Min.

Champagner-Cocktail

ZUTATEN FÜR 1 GLAS

- 2 EL Cognac
- 1 EL Orangenlikör
- 1 Spritzer Angostura
- 4–5 Eiswürfel
- gekühlter Champagner
- 1 Karambole-Scheibe

Cognac, Orangenlikör und Angostura mit Eiswürfeln im Shaker kräftig schütteln. In eine Sektschale abseihen und mit Champagner auffüllen. Mit Karambole verzieren.

ZUBEREITUNGSZEIT ca. 10 Min.

Die wichtigsten Zutaten

• Als **Basis-Spirituosen** für Cocktails eignen sich: Whisky, Weinbrand, Gin, Rum, Vermouth.

• Zum **Aromatisieren** nimmt man Curaçao-, Mandel-, Kaffee- oder Fruchtliköre.

• **Aufgießen** können Sie mit gekühltem Fruchtsaft, Sekt, Tonic, Soda, Mineralwasser, Gingerale und Bitter Lemon.

• Angostura oder Orange Bitter, Campari, edler Obstgeist oder Grenadinesirup **runden den Geschmack ab**.

• Zum **Süßen** Zuckersirup verwenden (gibt's fertig).

Und so mixt man

Cocktails mit Fruchtsaft, Sirup und fast alle mit Ei, Milch, Kokosmilch oder Sahne werden im Shaker geschüttelt (aber nie solche mit kohlensäurehaltigen Getränken!). Shaker dabei waagerecht zum Körper kräftig schütteln. Alle anderen Drinks werden aufgefüllt und gerührt.

Planters Punch

ZUTATEN FÜR 1 GLAS

• 5 EL brauner Rum

• 1 EL Grenadine

• 6 EL frisch gepresster Orangensaft

• 2 EL Zitronensaft

• 4–6 EL Ananassaft

• 6–7 Eiswürfel

Rum, Grenadine und die Säfte mit 3 zerstoßenen Eiswürfeln in einen Shaker geben und gut durchschütteln. Dann in ein Longdrinkglas abseihen und einige Eiswürfel zugeben. Mit Trinkhalm servieren.

ZUBEREITUNGSZEIT ca. 5 Min.

Green Fish

ZUTATEN FÜR 1 GLAS

• 100 ml frisch gepresster Orangensaft

• 2 EL Blue Curaçao

• gekühlter trockener Sekt

• je 1 Bio-Orangen- und -Limettenscheibe z. Verzieren

Orangensaft und Likör in ein Glas gießen. Mit gut gekühltem Sekt auffüllen. Je 1 Orangen- und Limettenscheibe an das Glas stecken.

ZUBEREITUNGSZEIT ca. 5 Min.

Gin Fizz

ZUTATEN FÜR 1 GLAS

• 5 EL Gin

• 3 EL Zitronensaft

• 2 EL Zuckersirup

• 3–4 Eiswürfel

• gekühltes Mineralwasser

• evtl. 1 Erdbeere

Gin, Zitronensaft und Sirup mit Eis in einen Shaker geben und kräftig schütteln. Dann in ein Longdrinkglas abseihen und mit Mineralwasser auffüllen. Mit Erdbeere verzieren. Mit Trinkhalm servieren.

ZUBEREITUNGSZEIT ca. 5 Min.

Piña Colada

ZUTATEN FÜR 1 GLAS

• etwas + 7–8 EL Ananassaft

• 2–3 EL Kokosraspel

• 4 EL weißer Rum

• 4 EL Kokosnusscreme (Dose)

• 4 EL Schlagsahne

• 3–4 Eiswürfel

• 1 Stück Baby-Ananas und Melisse zum Verzieren

Den Rand eines Cocktailglases erst in etwas Saft, dann in Kokosraspel tauchen. Rum, Kokosnusscreme, 7–8 EL Ananassaft und Sahne mit zerstoßenen Eiswürfeln in einen Shaker geben und gut schütteln. In das Cocktailglas gießen. Mit Baby-Ananas und Melisseblättchen verzieren.

ZUBEREITUNGSZEIT ca. 10 Min.

Sunset

ZUTATEN FÜR 1 GLAS

• 10 EL Kirschsaft

• 6 EL Grapefruitsaft

• 1 EL Zitronensaft

• 1–2 TL Zuckersirup

• 1 EL Grenadine

• 3–4 Eiswürfel

• Kiwischeibe, 1 Stück Mango und 1 Cocktailkirsche

• Spießchen

Säfte, Sirup und Grenadine gut verrühren. Auf zerstoßenes Eis in ein großes Glas gießen. Kiwi, Mango und Cocktailkirsche auf einen Spieß stecken und aufs Glas legen.

ZUBEREITUNGSZEIT ca. 5 Min.

Mascarpone-Creme mit Aprikosen

ZUTATEN FÜR 6–8 PERSONEN

- 1 Dose (850 ml) Aprikosen
- 100 g Amarettini
- 250 g Mascarpone
- 500 g Magerquark
- 1 Päckchen Vanillin-Zucker
- evtl. 1–2 EL Zucker
- 100 g Schlagsahne
- evtl. 2–3 EL Limoncello
  (ital. Zitronenlikör)
- Gefrierbeutel

1 Aprikosen abtropfen lassen, den Saft auffangen. Aprikosen in Spalten schneiden. Amarettini, bis auf einige zum Garnieren, in einen Gefrierbeutel füllen. Beutel verschließen und die Amarettini mit einer Teigrolle grob zerbröseln.

2 Mascarpone, Quark, Vanillin-Zucker und 2–3 EL Aprikosensaft glatt rühren. Mit Zucker abschmecken. Sahne steif schlagen und unter die Creme heben.

3 Mascarpone-Creme, Aprikosen und Amarettini in eine große Schale oder 6–8 kleine Schälchen schichten. Mit Likör beträufeln und mit den übrigen Amarettini bestreuen.

ZUBEREITUNGSZEIT ca. 25 Min.
PORTION ca. 320 kcal
11 g E · 18 g F · 27 g KH

Extra-Tipps

Statt Amarettini eignen sich auch Löffelbiskuits zum Zerbröseln. Evtl. mit Amaretto-Likör beträufeln und mit einschichten.

Die Mascarpone-Creme ist ideal fürs Party-Buffet. Sie können sie auch schon prima einige Stunden vorher zubereiten.

Traumhafte Party-Desserts

Für viele sind sie die Krönung eines Buffets. Und von diesen raffinierten Desserts werden Ihre Gäste mehr als begeistert sein

183

Cassata siciliana

ZUTATEN FÜR 16–18 STÜCKE

- 4 Eier (Gr. M) • Salz
- 100 g + 300 g Zucker
- 2 Päckchen Vanillin-Zucker • 75 g Mehl
- 25 g Speisestärke • ½ TL Backpulver
- 50 g gemahlene Mandeln
- 50 g Pistazien
- 150 g kandierte Früchte (z. B. Ananas, Kirschen, Zitronat, Orangeat)
- 150 g Zartbitter-Schokolade
- 9 Blatt weiße Gelatine
- 750 g Ricotta (italienischer Frischkäse)
- 4 EL Maraschino (Kirschlikör)
- 500 g Schlagsahne • Backpapier

1 Springform (26 cm Ø) am Boden mit Backpapier auslegen. Eier trennen. Eiweiß und 1 Prise Salz steif schlagen, dabei 100 g Zucker und 1 Päckchen Vanillin-Zucker einrieseln. Eigelb einzeln darunterschlagen. Mehl, Stärke und Backpulver daraufsieben, mit Mandeln unterheben. In die Form streichen. Im vorgeheizten Ofen (E-Herd: 200 °C/Umluft: 175 °C/Gas: Stufe 3) ca. 25 Minuten backen. Auskühlen lassen.

2 Pistazien, Früchte und Schokolade hacken. Gelatine kalt einweichen. ⅛ l Wasser und 300 g Zucker unter Rühren ca. 5 Minuten zum Sirup kochen. Vom Herd nehmen. Gelatine ausdrücken, darin auflösen. Ricotta und Likör cremig rühren. Nach und nach unter den Sirup rühren. Ca. 10 Minuten kalt stellen, bis er zu gelieren beginnt.

3 Eine tiefe Schüssel (26 cm Ø) mit Folie auslegen. Biskuit 1x durchschneiden. Oberen Boden in 8 Tortenstücke schneiden, mit den Spitzen nach unten dicht an dicht in die Schüssel setzen.

4 250 g Sahne steif schlagen. Mit Pistazien, Früchten und Schokolade unter die Creme heben. In die Schüssel füllen. 2. Biskuit darauf andrücken. Über Nacht kühlen.

5 250 g Sahne und 1 Päckchen Vanillin-Zucker steif schlagen. Cassata stürzen, Folie abziehen. Mit Sahne einstreichen. Mit Pistazien, Früchten und Schokolade bestreuen.

ZUBEREITUNGSZEIT ca. 40 Min.
BACKZEIT ca. 25 Min.
AUSKÜHL-/KÜHLZEIT ca. 13 Std.
STÜCK ca. 390 kcal
9 g E · 20 g F · 40 g KH

Cappuccino-Becher mit Milchschaum

ZUTATEN FÜR 4 PERSONEN

- ½ l + ⅛ l Milch
- 1 Päckchen Puddingpulver „Sahne"
  (zum Kochen; für ½ l Milch)
- 2 EL (40 g) Zucker
- 2 EL löslicher Espresso oder Kaffee
- 150 g Schlagsahne
- Kakao zum Bestäuben

1 Von ½ l Milch 4 EL mit Puddingpulver glatt rühren. Übrige Milch mit Zucker und Espresso aufkochen. Puddingpulver einrühren, aufkochen und ca. 1 Minute köcheln. Pudding auskühlen lassen. Dabei ab und zu durchrühren.

2 Sahne steif schlagen und unter den Pudding heben. Creme in 4 Gläser füllen und ca. 1 Stunde kalt stellen.

3 ⅛ l Milch erwärmen und mit einem Schneebesen oder Milchaufschäumer kräftig aufschäumen. Milchschaum auf die Creme verteilen. Mit Kakao bestäuben und sofort servieren. Dazu schmecken Biskuit-Zungen.

ZUBEREITUNGSZEIT ca. 15 Min.
ABKÜHL-/KÜHLZEIT ca. 2 Std.
PORTION ca. 250 kcal
7 g E · 15 g F · 19 g KH

Extra-Tipps

Sie möchten das Dessert komplett vorbereiten? Dann statt Milchschaum ein Sahnehäubchen daraufsetzen.

Als Latte macchiato sieht's noch trendiger aus. Dafür den Pudding ohne Espresso kochen und je 2 EL in die Gläser verteilen. Espresso in die übrigen heißen Pudding rühren, abkühlen lassen. Dann die Sahne unterheben. Auf den weißen Pudding schichten. Zuletzt mit Milchschaum bedecken.

Zitronen-Mousse mit Obstsalat

ZUTATEN FÜR 6 PERSONEN

- 3 Blatt weiße Gelatine
- 2 frische Eier (Gr. M)
- 2 Zitronen
- 3 gehäufte EL Zucker
- 200 ml Buttermilch
- 100 g Schlagsahne
- 1 kleine Wassermelone
- 2 reife Pfirsiche
- 125 g Brombeeren
- evtl. 4 EL Orangenlikör
- 3–4 EL flüssiger Honig

1 Gelatine in kaltem Wasser einweichen. Eier trennen. Zitronen auspressen. Eigelb, Zucker und Hälfte Zitronensaft mit den Schneebesen des Handrührgerätes ca. 5 Minuten hellcremig aufschlagen. Buttermilch unterrühren.

2 Gelatine ausdrücken, bei milder Hitze auflösen. 2 EL Creme einrühren. Dann in Rest Creme rühren. Ca. 20 Minuten kalt stellen, bis sie zu gelieren beginnt.

3 Eiweiß und Sahne getrennt steif schlagen. Beides vorsichtig unter die Creme heben. Mind. 4 Stunden kalt stellen.

4 Melone halbieren. Fruchtfleisch mit einem Kugelausstecher herauslösen. Oder Melone in Spalten schneiden, Fruchtfleisch würfeln. Pfirsiche waschen, entsteinen und in Stücke schneiden. Brombeeren verlesen und waschen.

5 Rest Zitronensaft, Likör und Honig verrühren. Mit den Früchten mischen. Zitronen-Mousse und Obstsalat in Gläsern anrichten.

ZUBEREITUNGSZEIT ca. 1 Std.
KÜHLZEIT mind. 4½ Std.
PORTION ca. 200 kcal
5 g E · 8 g F · 25 g KH

Quarkauflauf mit Kirschen

ZUTATEN FÜR 4 PERSONEN

- 1 kleines Glas (370 ml) Kirschen
- 2 Eier
- 500 g Magerquark
- 1 Päckchen Vanillin-Zucker
- 75–100 g Zucker
- 75 g + etwas Grieß
- abgeriebene Schale +
  1 EL Saft von ½ Bio-Zitrone
- Salz
- Fett und Grieß für die Förmchen
- evtl. Puderzucker zum Bestäuben

1 Kirschen gut abtropfen lassen. Eier trennen. Eigelb mit Quark, Vanillin-Zucker, Zucker, 75 g Grieß, Zitronenschale und 1 Prise Salz mit dem Schneebesen cremig rühren.

2 Eiweiß steif schlagen, Zitronensaft dabei zufügen. Vorsichtig unter die Quarkcreme heben.

3 4 ofenfeste Förmchen (à ca. 200 ml Inhalt) oder eine große Auflaufform fetten und mit Grieß ausstreuen. Die Quarkcreme hineinfüllen. Die Kirschen darauf verteilen.

4 Im vorgeheizten Backofen (E-Herd: 175 °C/Umluft: 150 °C/Gas: Stufe 2) ca. 40 Minuten goldbraun backen. Herausnehmen und kurz abkühlen lassen. Mit Puderzucker bestäuben. Dazu schmeckt Vanillesoße.

ZUBEREITUNGSZEIT ca. 1 Std.
PORTION ca. 320 kcal
23 g E · 4 g F · 47 g KH

Alles gut verwertet

Gießen Sie den Kirschsaft nicht weg. Mit etwas Speisestärke andicken und als Soße zusätzlich zum Auflauf servieren. Oder: Saft für einen Cocktail (s. S. 181) verwenden.

Apfel-Strudeltörtchen

ZUTATEN FÜR 8 STÜCK

- 3–4 Äpfel (ca. 600 g; z. B. Elstar)
- 1–2 EL Zitronensaft
- 2 EL Zucker
- ⅛ l Apfelsaft
- ½ TL Zimt
- evtl. 1 Sternanis
- 1 TL Speisestärke
- 1 Packung (120 g; 4 Blätter)
  Strudelteig (Kühlregal)
- 3–4 EL + etwas Butter

1 Äpfel schälen, entkernen und würfeln. Mit Zitronensaft mischen. Zucker in einem Topf karamellisieren. Mit Apfelsaft ablöschen und köcheln, bis sich der Karamell gelöst hat. Äpfel, Zimt und Anis zufügen, aufkochen. Stärke und 2 EL Wasser glatt rühren. Apfelkompott damit binden. Abkühlen lassen.

2 Teig (in der Verpackung) ca. 10 Minuten bei Raumtemperatur ruhen lassen. 3–4 EL Butter schmelzen.

3 8 Mulden eines Muffinbackblechs fetten. Teigblätter entfalten und jeweils vierteln. Je 2 Teigblätter versetzt in jeweils eine Mulde legen. Mit flüssiger Butter bestreichen. Je 1 EL Apfelkompott hineingeben. Teigblätter darüber zudrücken bzw. zudrehen. Nochmals mit flüssiger Butter bestreichen.

4 Im vorgeheizten Backofen (E-Herd: 175 °C/Umluft: 150 °C/Gas: Stufe 2) 15–20 Minuten backen. Übriges Kompott dazureichen. Dazu schmeckt Vanilleeis.

ZUBEREITUNGSZEIT ca. 30 Min.
BACKZEIT 15–20 Min.
ABKÜHLZEIT ca. 45 Min.
STÜCK ca. 140 kcal
2 g E · 4 g F · 24 g KH

Geeister Aprikosen-Gugelhupf

ZUTATEN FÜR CA. 20 STÜCKE

- 250 g frische oder
- 1 Dose (425 ml) Aprikosen
- 200 g Zartbitter-Schokolade
- 80 g Baiser
- 100 g Cantuccini (ital. Mandelkekse)
- 750 g Schlagsahne
- 250 g Mascarpone
- 2 gehäufte EL Puderzucker
- 2 Päckchen Vanillin-Zucker
- 1–2 EL Mandelblättchen
- evtl. Aprikosen, kleine Baisers und Puderzucker zum Verzieren
- 1 großer Gefrierbeutel
- Frischhaltefolie

1 Aprikosen waschen, halbieren, entsteinen und würfeln. Schokolade hacken. Baiser zerbröckeln. Cantuccini in einen Gefrierbeutel füllen. Verschließen und mit einer Teigrolle zerbröseln.

2 Sahne steif schlagen. Mascarpone, Puderzucker und Vanillin-Zucker kurz verrühren. Sahne in 2 Portionen, dann Cantuccini, Baiser, Aprikosen und Schokolade, bis auf 1 EL, darunterheben.

3 Eine Gugelhupfform (22 cm Ø; ca. 2,5 l Inhalt) kalt ausspülen. Mascarponecreme hineinfüllen und leicht andrücken, dabei die Form leicht auf die Arbeitsfläche stoßen, damit keine Luftlöcher bleiben. Mit Frischhaltefolie abdecken und mind. 24 Stunden im Gefriergerät einfrieren.

4 Mandeln in einer Pfanne ohne Fett rösten und auskühlen lassen. Die Form ca. 20 Minuten vorm Servieren bis knapp unter den Rand kurz in heißes Wasser tauchen. Eistorte stürzen. Mit Aprikosen, Baiser, Mandeln, Rest Schokolade und Puderzucker verzieren.

ZUBEREITUNGSZEIT ca. 45 Min.
GEFRIERZEIT mind. 24 Std.
STÜCK ca. 280 kcal
2 g E · 22 g F · 17 g KH

gut verpackt im Gefriergerät ca. 1 Monat haltbar

Rezepte von A – Z